以此書献给
我的两位恩师
王逵杰先生
常志朗先生

U0950211

大成拳法要

「进阶篇」

于鸿坤 著

华龄出版社
HUALING PRESS

图书在版编目（CIP）数据

大成拳法要．进阶篇 / 于鸿坤著．-- 北京：华龄出版社，2023.8

ISBN 978-7-5169-2586-7

Ⅰ．①大…　Ⅱ．①于…　Ⅲ．①拳术－中国　Ⅳ．①G852.1

中国国家版本馆CIP数据核字（2023）第139793号

策划编辑	青　元	**责任印制**	李未圻
责任编辑	郑建军	**装帧设计**	小　渔

书　　名	大成拳法要．进阶篇	**作　者**	于鸿坤
出　　版 **发　　行**	华龄出版社 HUALING PRESS		
社　　址	北京市东城区安定门外大街甲57号	**邮　编**	100011
发　　行	（010）58122255	**传　真**	（010）84049572
承　　印	水印书香（唐山）印刷有限公司		
版　　次	2023年8月第1版	**印　次**	2023年8月第1次印刷
规　　格	710mm×1000mm	**开　本**	1/16
印　　张	14.75	**字　数**	96.3千字
书　　号	ISBN 978-7-5169-2586-7		
定　　价	58.00元		

王芗斋先生桩照

王选杰老师波浪试力

王选杰老师伏虎照

薛颠先生拳照

宋铁麟先生拳照

常志朗先生伏虎桩照

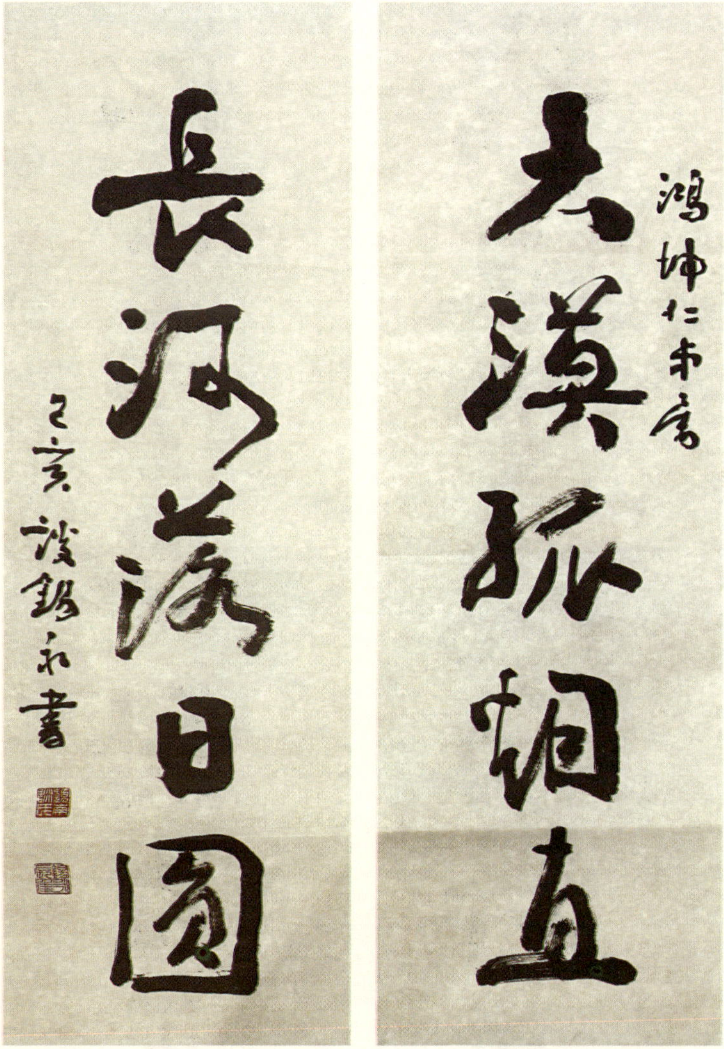
鴻坤仁弟屬
大漠孤烟直
長河落日圓

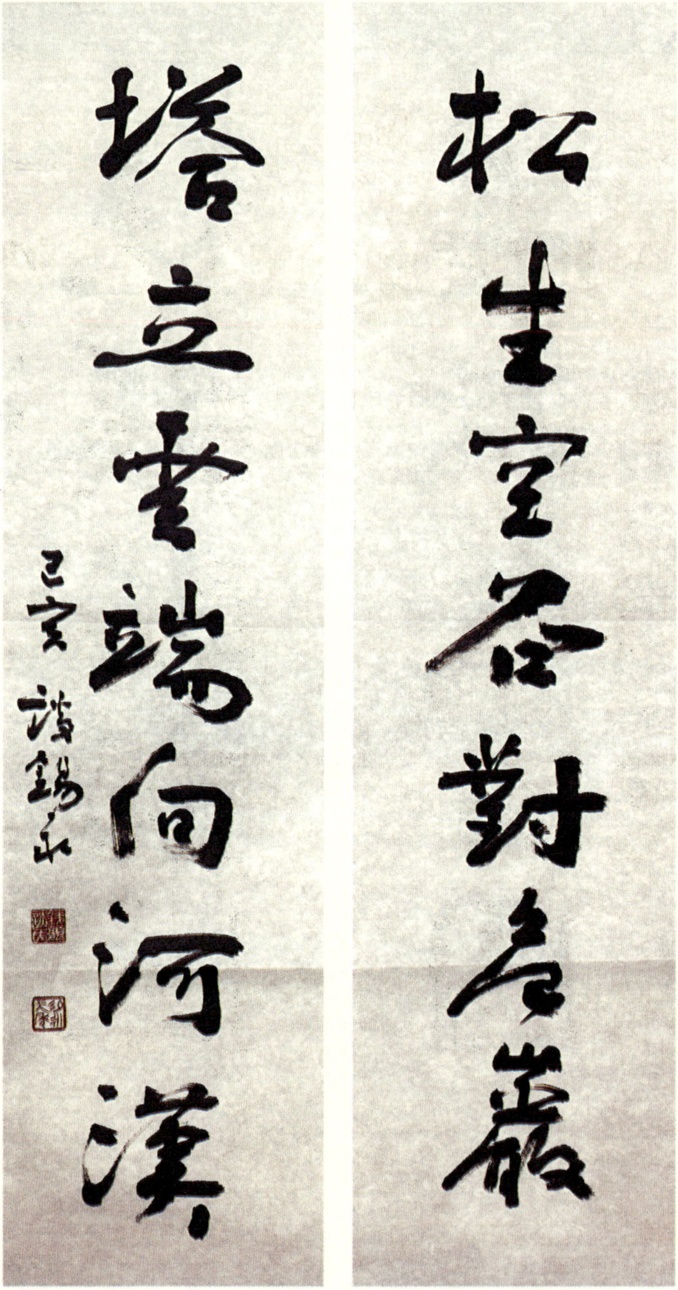
松生空谷對危巖
塔立雲端向河漢

代　序

选杰走后，鸿坤随我学练大成拳。鸿坤为人质朴，重感情，讲信义，尊师重道且有拳学天赋，他热衷于拳道，好学、好练、好实践。

我习惯称鸿坤的小名“阿龙”。阿龙除了拳，啥都不会。作起拳龙腾虎跃，颇有唯我独尊的势头。阿龙以前出版的书，我都不怎么支持，我认为出书没什么好处，珍贵的东西如果学的人不了解、瞎理解就会变味，这样就害了大成拳，影响大成拳的声誉，还耽误你练拳的时间。

阿龙心地善良，想着如果有真实的书给人看，就有了种子，想学拳的人就有个参考，我想这也是个道理。

2022年6月19日

前　言

今年的课程又开始了，这一年两年甚至三年可能都不能完全达到传承的学习效果，但是既然已经开了头，我们就继续用功把这件事做好。

在这个课程之前，我跟一些人聊课程的进度、计划、安排、时间课时等，做了几个预案，回过头来看还是不切实际，因为有时候一个东西可能需要好久才能过这一关，有些东西可能一天就过了，所以规定好多长时间内讲多少东西反而不恰当。

一般来说，惊蛰或春分是开始一件事情比较好的时机，但是2021年（三月十六日）这个日子比较特殊，我们选定这个日子，开始今年的传承课程，也是为了纪念、感恩我的师父王选杰先生。希望大家能在这个特殊的日子里感受到他老人家的加持力，帮助我们更好地学习立禅，学习大成拳。

目录

第一部分　大成拳的基础

第二部分　大成拳的用与练

第三部分　由学练到会练

第一部分

大成拳的基础

第一讲　进入打拳的状态

一、从恢复桩到提插桩的机理变化

恢复桩——恢复中枢的主体作用

我们今天讲从恢复桩到提插桩整个机理的变化。

很多人站恢复桩的时候，他习惯用眼睛找脚的位置，找位置的一瞬间，传承就不对了。过去学的时候，任何时候眼睛都和虚空连接，眼神不能收回来，收回来的同时眼法就丢了。我们和外用的劲道始终是连接的，不管是修行、打拳，还是干什么事情，这个连接都是始终一如的。我们把神气和虚空融为一体，调整身体，让身体跟眼神也融到虚空当中，保持膝关节的弹性，保持两脚的距离合适。

王芗斋先生说，“每一动都要问一问为什么有此一动”。脚宽为什么要有要求呢？咱们这个脚为什么不能像有些人站桩那么宽呢？一宽就形成了身体的几何抻拉间架结构，身体就容易用力，就不是自身不用力的圆满融入虚空的自然状态。现在知道了为什么两脚距离要窄，我们站的时候就有了信心。

脚距离不能宽，宽就把身体和外部的感受减弱了，就把自我强化了。所以我们要把脚平放到地面，不要分力，膝关节有弹性地放松，两个肩往后靠，心里放松，喉头放松，脑袋就虚灵了，虚灵以后头上边就跟虚空接上了。

大家体会一下。我们慢慢来，头虚灵，虚灵是方法，所谓“虚灵顶劲”，顶是结果，虚灵了以后就有顶的意。膝关节有弹性，这是我们学的恢复桩。

提插桩①——身手关系的重建

我们在这个基础上进入全身的整体状态，还要进

① 提插桩是从恢复桩到技击桩的重要过度。它是觉悟和技击双重功用的练法。恢复桩是手臂回归到身体，提插桩要手臂分开出去（手臂和身体之间就有了距离，手臂有往上提与往下插的不动之动之势）。

入比较复杂的打拳状态。过去通过恢复桩练出了身（中枢）作为主体的觉知和感应能力，现在加手臂和腿脚，就是随着呼吸的弹力，让手臂和中枢的身成为“一”，练恢复桩的时候手臂断开，把手臂纳入起落的状态里。虽然手臂参与了，但是手臂跟身体比，它好似要慢些，它随着身体而起落，但不是同时启动，而是随着身体动，身体随着呼吸。说“随”是描述一种自然的状态，不是有意识地随，所以这句话瞬间就要过去，就不要再想了。然后慢慢地，有了这身体的感受以后，瞬间就脱离呼吸，不管呼吸，身体还在这个状态，呼吸不影响这个状态就可以了。有了这个状态以后，再就是手臂参与身体的运动，让腿脚和手臂一样，也参与身体的运动，这个起落是身体让腿脚在起落。

喉头放松，胸部放松，胯腋窝放松，全身成为一体。全身整体以后，感觉很美妙。这个时候要警惕，人的感觉很容易就“住”到身上。现在再加一个观照前后的要领，就是耳朵听脑后远方，脑后远方是指脊柱这一条线整体的远方，从头到脚往后的远方；眼睛看虚空，视而不见，耳朵听脑后，听而不闻。前后要大，把自身融到“看”与“听”当中，进入这个状态以后，就要把这些想法全忘掉，这个时候是觉照身外，但是就像王芗斋先生讲：“身外须有意，不离自身间”，前边后边都有这种感受的时候，就在“持”的状态，如果跑了，想起来就收回来，看一下喉头松了没有，脑袋虚灵了没有，腋胯松了没有、弹性还有没有，胸口松了没有，手臂和腿是不是随着身，在想这些要领的时候，还要觉察前后的境界还在不在，把身内、身外统一。这个时候，感知身外，稳定以后，再感知一个东西，腰松了没有，这是很紧要的。因为腰是全身的主宰。用腰感知外部松紧，与外部感知连接。虽然用腰，但是身体还得稳，不能一用腰的时候身体乱了，用腰的时候各种要领都得对。

二、站桩一以贯之的“道”

王芗斋先生说：“为什么有此一站？要问为什么。”这是很重要的。刚才讲了双脚的距离，身体上下的弹性。我们过去讲了很重要的心法，就是“似笑非笑”“似尿非尿”。现在讲了身内身外，身带手臂、带腿脚。今天再继续说一以贯之的“道”，在站桩里边是什么。古人说，“吾道一以贯之”，我们落实到桩里就是整体均匀和生机，任何时候都不能丢掉，如果丢掉了就没有觉知力了，就不能起作用了。古人说变化气质，是指什么呢？在这里就是让一个没有觉知的身心变成有觉知的身心。第一步就是把这个弄清晰，所有的要领、方法、手段，都是为了这个结果，教的人如果结果不清晰，就跟很多练功夫、练拳脚的那些人一样，都是盲目的，一会儿说这个好，一会儿说那个好，自己都不知道想要的结果是什么。有个故事，你看动物（比如猫），它扑这个东西是这一下，扑那个东西也是这一下，它没有技术，它所有的技术都是“一下”，它为什么都能起作用？现在很多人打拳，他没有一个一以贯之的整体，打拳的时候，一会儿用这个动作，一会儿用那个动作，认为自己不行了，又再用另外一个动作。为什么这样呢？他没有一个有效的一以贯之的整体，没有这个整体，打拳的时候就没有所依，就会散乱，就会盲目，结果必然是失败。

我们每一个桩、动作，教案里讲过三种练法：一个是养生的练法，一个是实作（技击）的练法，还有一种是修道的练法。想学实作的人，先把心目中固有的认知放一放，你把自己的认知放下了才能进来，才能学到。王芗斋先生说，大成拳没有动作，没有招法。那怎么学呢？它有原则和原理。原理就是动作，原理就是招法，但是它不是固定形式的，一动就是法，一动就是招，但是必须在原则、原理的范围里才是这样。

三、两个原理基本（中环原理、空有原理）的练习和检验方法

我们这个拳有什么原理呢？第一个是“中环原理”。大家看看车轮，它有个车轴，车轮和轴不分开，但是车轴是主宰，车轮碰到外边东西，连接不到车轴上；还有，就像照相机支架上球形云台，这个圆球跟外边，它始终在一个活的状态里；还有葫芦在水里，按不下去那个力量，那个变化，都说的是一个事情，就是中和环之间的关系。知道这种关系以后，我们才知道，站桩为什么要松开呢？松，就是为了让肉和骨头形成一种关系，骨头如果是轴，肉就是轮子。以上的例子都是比喻，拳法确实存在类似的关系，不能再延伸了，不能落在这个比喻上，知道要说的是什么很重要。王老先生说：“我让你这样练你必须这样练，但是你落到这个练上，那就错了。”经典里说的很清楚，“过河弃筏”“法尚应舍，何况非法”，都说得很清楚。那落到我们的拳上怎

么练呢?

第一步，感觉裤管和腿是分开的，如果有风来了，风刮动裤管，腿可以感知裤子不会贴着腿，它就会躲开，体会这种感受，如果有东西落下来，不能落到肉上，这是第一层。第二层是皮。过去练枪的时候，躲避枪的最佳时机是什么呢?见肉分枪，就是枪尖挨到肉了，这个时候才躲开，这个时候是决杀，对方的枪没有变化了，他必死无疑。我们第一层是衣服，第二层是皮。我们慢慢地站桩的过程中突然发现，肉和自身的关系，就跟刚才说的衣服和自己的关系一样，慢慢地练着练着，那个意——中意越来越大，发现骨头都像是棉花做的，骨头怎么这么大啊！你感觉像是棉花做的一样，但是落到别人身上，别人感觉像铁一样。这是一步一步的，一层一层的，我刚才说的那些都不要执着，但是你必须这样练，它是要表达一种抽象的原理——中环原理，如果把它具象就不对了。怎么能知道不对呢?中环这一层学过了，我们还有第二个原则：空有原理。你可以把身体虚化，把实中练得虚了，越虚越没有、越大，就是要把这个中环扩大到虚的状态，以至于无、以至于空的状态，这是第二层。所有的松紧、虚实、变化等，你就知道所以然了，它都是以这两个原理体现出来的，这样才会有很多手段、方法。如果不知道这个原理，那你一动，是为什么动？你那一以贯之能不能贯通，和这两个原理能不能合上，就清晰了。

不能想当然，哪个是中，哪个是环，不能落到一个具象上，慢慢地学，学的过程中，能用就清楚了，不能用就不清楚。

为什么有身外、身内？我们原来练的时候为什么要把有形的自身化为虚无？最后让虚无的中越来越大，以中运环才容易。这个中环，如果体现在身上怎么办呢？就像电工蹬电线杆，他脚上有一个圆环扣在电线杆上就蹬上去了，如果我们有一个圆圈套在身上，很容易用圈和背就套死了，我们练的时候，听着脑后，往远处听，眼睛往前面虚看，让这个圆圈始终和身体是一个挂不住的状态，你动身体，那个圈始终是对身体控制不了，这就对了。

四、基本动作：卷臂

练一个动作，手臂卷起来，身后背上的肉松落下去，而不是背隆起，为什么手臂卷上来，哪个部分的肉反而落下去？因为意会笼罩着后边远处。这种练习，起的时候，肩膀往下沉，从颈部一直松下来，松到骶骨和脚，这种效果慢慢地就会知道。想练实作的人，理不理解都没关系，慢慢地就明白了。配合着练就知道这个妙用，因为它不是动作，它是中环变化多端，就和摄影架上的万向球一样，不知道它往哪儿去，力量来了，不知道它怎么打，原理是一样的，只不过这是圆的。如果是个立柱呢？它是活的，又能上下移动，又能这样平着转，又能折叠着转，和对方要有关系才能用，所以练的这个动作的要点是：一个是和对方有关系，还要神气虚接前边，感知到后边；手臂卷起的时候，动作的时候，身体的中环关系在不停地培养、培育着。这就是大成拳没有固定的动作，它选用最合理、直接、有效的动作来体现这个原理和原则。

懂得了中环原理，在实际运用当中，用这个原理，就没有招法，而是各种中环关系，大的中环，小的中环，每一动都是中环关系，然后升华到每一动都是“空有关系”，这个就是实战的应用原则。它不是简单的几何线条的和间架结构的关系。王芗斋先生虽然说“曲折有面积”，但也是为了方便理解，他接触点上也是无点不弹簧。

古人说“含胸拔背”，就是好比一个直筒子，里边是空的，这叫含。拔背就是把脊柱树起来，让前后左右之气都是浑圆状态，这就是含胸拔背。古人还说“球打人”，就是全身像一个球，这是曲折有面积的升华。古人还说“牵动往来气贴背”，这不是平常人们想象的背上要紧。有些人说“发力的时候要空胸紧背”，有些人说“背要背锅”“胸要含蓄”“对方打不上”等，这都是外道。大家要有一个清晰的认知。慢慢地，当我们掌握原理了，就知道用功的方法，就知道用功的目的，行才能证道。知道用劲的原理，才能认清楚，才能体认到王老先生说的“自然本能的活力”。王老先生还说，“疯碾子劲”，就是发疯了一样的、没有方向的飘。这些都是以大运中，以空运有，以中运环。老先生常说，练实作断手比较复杂，先从“不是”开始，练到“是”。他还说，“我让你这样练，你必须这样练，但这不是，只有这样练，才能是。”所以，教的人必须有“是”的境界，才可以“由不是到是”这样教。学的人必须有信心才愿意这样练，要想练成就需要有这种关系。

第二讲　怎样练对

一、目的不同，过程不同

在讲浑圆桩之前，先给大家讲一下我过去跟师父学拳的事情。有一次我在师父的院子里练转掌，我当时练的时候脖子梗起来，一位邻居马先生正在旁边，他跟我说，“你脖子太紧了，不对。”当时我年轻，就说“我脖子对还是不对，紧还是不紧，跟你有啥关系？你要打不过我呢？”马先生笑了一下就离开了。后来有一天晚上，我在院子里转掌，院子里有一位白大妈说，“你这个不行啊，你这么用功，你这个味儿不对。选杰没你这么用功，但是……”白大妈十几岁就嫁到这个院子里，说这话的时候已经七十多岁了，她一直看着师父练拳成长，师父练拳的过程她都见过。听完白大妈的话后，我就不怎么敢用功了。但不用功也不行啊，我就琢磨，到底哪里出问题了？到底哪里衔接不上？我现在就是想告诉大家，“是和不是”是什么东西，练对了有多么重要。

还有，后来拜访了很多师父，更体会到师父说的“桩和桩不一样”。桩和桩为什么不一样？同样做一件事情要明确目的，目的不同，过程就不同。我们站桩和普通的站桩，以及以站功夫、站自身强大、有劲的那种站桩，目的和出发点都不一样，这得必须清晰。这个清晰了，才能朝着我们的目的地正确地走下去。

桩和桩的区别在哪儿？我们这个桩是拳术的核心，这个拳术是“中环理论”指导的拳术、“空有理论”指导的拳术，所以我们站桩的时候，一定要以这两个理论为指导才能站下去，才能站出这个桩。

二、复习与深化：卷臂

再复习一下卷臂动作。

卷起来的时候，有些人卷到身后背上了，要落下去。

好比这身躯有一个无形的柱子，卷的力量围绕这个柱子，在柱子上滑落、脱落。柱子可以很大。手臂往上起，就和水一样，起来以后又从身上落下去，身体又冒出来，是这种感觉。

再说一下“中环”。中环是原则，不是形式。“中”可以无限大，“环”可以在外头，“中”也可以在外头，它不是形式，它是一种感受，一种境界，大家要明白这个。

手臂起来的时候，是一个整体的蓄势，蓄势起来的时候，身体是一个松落的状态，肩背胸腰都要放松脱落。

三、浑圆桩

浑圆桩是培养浑圆之力最简捷、最直接、最容易掌握的一种桩法。因为简单，所以就容易练错、练到自己的身体惯性里。只要练对了很容易就上身。练错是什么概念呢？就是练不出浑圆力的状态，而是练出了

王选杰先生

一个舒适的状态，练拳的目的无法达到。我们说养生的练法、技击的练法、修道的练法，形式都一样，只是境界不一样，追求不一样而已。

浑圆桩的练法：两脚的距离比肩宽，把胯打开，脚和胯就有支撑了。往下坐，让它均衡，膝关节打开，这样又成了上下劲，这是两脚分开了以后的上下劲，这时上下左右前后都有劲，手抬起来以后肘要撑饱满。很多人手抬起来以后，肘下垂，松懈了，这是不对的。前面满，后面也得满，前后都得满。有些人站的时候，手一松，含着胸。含着胸，中气就弱了。应该是肩撑肘横的状态。我们平常站桩的时候，站得姿势高、中、低都没问题。无论高、中、低，对与不对的界限是身上的弹性，饱满的状态是否还在。蹲得太低了，身上紧了，不行。饱满状态不是挺胸状态。

细说要领：膝关节和脚的大拇趾靠食指部位要有起落关系；腰、胯、腿松开与脚相应；肘要打开，打开以后，头直了，下颌稍微收一下，不能仰，也不能含，肘和肩膀撑开，这两点是很重要的。

下面说手型。过去人为了打出指头穿透的力量，把中指挑起来练，但这不是我们现在要练的。这个桩的手型是有方向的练法，我们练的时候是以食指作为五个指头的中，以拇指和另外三个手指作为环，围绕着食指来练这个桩，这就是让中环在全身一以贯之。如果练的时候挑中指，中指就容易破坏这种关系。不是挑中指的练法不对，而是现阶段不是这样练。再明确一下：手指和手腕的关系。腕部作为根，要有外顶之意，手型不变，手指往远处伸，这个劲意就出来了；肘往远伸，手指往远伸，这个整体的劲意就能出身；肘往远伸是以身体作为根，手指往远伸是以手腕作为根。有人站的时候，手就没有了；如果手要抓东西，就过了。手指应该是往远伸意满的状态。这是肘和手指的要点。手略高于肩、有上提之意，肩与手有呼应，犹如胯与脚相应一样。

下面说顶和腰。只有把肘打开，把胸肋亮出来，身竖直以后，头和脚关联了，这种顶、腰、脚的关系就建立起来了。这个不容易理解，特别是练过形意拳的人，或者是对我们的教法没有建立起信心的人，可能不容易理解，因为这个不符合普通人的认知习惯。

四、“一”和“二”的区别

有人说，拳术必须是阴阳，是对立、化、发等，必须是两下，是二元的。王先生说是一元，就是一下。后来几乎所有的人都相信拳术是对待的二元，只有极少数人跟着王先生练。跟着王先生练的人可能也不一定懂，但是他们相信王先生。这“一”和“二”是什么意思呢？当你有自己，当你有外边、有目标的时候，必然是二。外面、对手和空间的东西是存在的，想突破这种认知就很难，突破不了必然是“二”。那要练就要突破。为什么说要练对呢？练对就能突破。肘打开，手指头远伸，瞬间就能感觉到，人和虚空是“一”，这个功夫越深，时间越久，到最后慢慢就会运用。运用的时候，跟外边再不是对立了，“二”这个问题就解决了。

为什么我们不追求局部，不追求单个地方，要整体把这个东西练对呢？有人说，“我这个整体是把每一个地方练正确，加在一起就是一个完整的整体”。王先生说，“要建立整体的概念，你要是做对了，不整体的地方它就补满了，它自然就变成整体了。”这是个问题。

接下来就是要肩撑肘横。为什么要肩撑肘横？只有肩撑肘横的时候，才能不执着于手臂保护身体。如果有保护，被保护的地方的觉性就没有了，身体就不是一个完整的整体；被保护的地方和外边就建立不了关系，也拖累了要保它的地方，比如手臂。明白了这个道理的时候，就会有信心，练的时候就会练，这个很重要。

有很多人练习站桩，从晚上一直练到早上，有的很有功夫，但是用的时候总是不理想，就是孔子说的“学而不思”，就是光用功夫，没有思考，用的时候必然迷茫。王老先生说，“对与不对很重要。要用对功夫。”

站的第一个状态，就是形、体、基本间架要对，练对了以后，就要把自己融到周围的空气中，第一步讲的是有形的身体，第二步要把自己融到周围的空气中。如果空气没办法感受，就把它看成水，就是全身所有与外在接触的地方都是水的感受，手臂外边感受的是水，手臂里边感受的也是水，上边是水，下边也是水，身体感受是在水中，前面、背后、头顶上等，哪儿都均匀地感受的是水，这种状态慢慢地就把自身和身外建立了一种融合的连接，这种连接叫“不丢不顶”，不能丢开，但是要缓和地觉知接着、不顶。我们练习的时候要默识揣摩，也就是体认功夫。有人说我要打拳，这样练怎么行呢？这种所谓的行，都是在默识揣摩中出来的，以后会说到用，用的时候是雷霆万钧。我们开始练的时候是默识揣摩，慢慢来。这是由“不是”到“是”，由慢到快，由不动到动，由无力到有力，由静止到变化，我们会慢慢进入。我们的练习是形式不变，境界在变——养生、技击、修行，同一形式，心法不同，结果不同。

如果这两种都掌握了，我们可以进入第三层：把外边当成空气，让自己很灵敏的身体感受空气，慢慢地进入到第四层——就是没有自身，只有空气，把自己融到空气的流动当中，这只是意识，身体还在，它没动，但是它里边的意在动，也是默识揣摩，用功的火候是若有若无，勿忘勿助。我们不能执着于这种心法，否则又把它作死了。这是站浑圆桩的四个层次。其实古人并没有分这么清楚，我将此分解说细，因为站桩的心法太多了，我怕大家不知道次第。第一层就是站有形，形得对。形对的一瞬间就要进入无形的状态。我们说无形，就是不住在这个形上，意在外边，在水里边，在空气里边，在自己是空气、空气是自己的状态里。

五、基本动作：裹、卷裹

我们学两个动作。第一个动作，裹。要领是，起来的时候身很大，手臂起来，落的时候没有身了，手臂放大，放得很大，从中间落下来。

我强调一下，练的所有的动作都是中环的原理和空有的原则，根据这两个原则的练习要符合身体的生理结构和对外实作的生理结构、力学结构，否则就是盲目的。为学日益、为道日损都是“一”。那全身都是原理的时候，就没有这些概念了，用出来的都是对的。我们练习是培养中环、空有的原理，用的时候是践行这个原理去。我们要借助，不是借助自身，而是借助天地的力量。天就是无形虚空，就是主宰，主宰身体；地是有形，是承载身体。我们要借天借地、用天用地、融天融地做事。

再来做这个动作，裹。起来的时候身很大，手扶着就起来了；落的时候只有手，身配合着手落。手臂还是手臂，只不过人让它大。

人有什么能力让它大呢？因为通过站桩，能让外边变成水，能让自己没有了。我们培养了很多意，练的时候都有了这种基础功夫，所以才敢做这个动作，否则的话就变成套路（程式化动作），变成招法了。我们练的这个不是招法，是通过身体结构——中线结构、开合的结构、起落的结构等中环关系来培养身体的能力、动起来合理的能力。有了动起来、合理的能力，再用这种能力去实践印证，看还是不是、能不能用。如果不能用，再培养，再完善。培养、完善是拿自己在练，用的时候是拿人在培养，练和用慢慢地归到一起，就都是原理。

我们知道了卷，知道了裹，慢慢地把它融汇一起。起来的时候，迈左步，起右手；落的时候，落到左脚上，右脚就起来了。这是协调、对称的一种练法，练到最后，没有对称不对称、协调不协调这些概念，没有标准动作，没有不标准动作，全身每一处都是这种原理。我们开始练时有上下左右对称的方法把它练到身上。

直接地卷起来就落，落下来卷，就变成打拳了。这慢练也是打拳，这是原理，只有不对立，只有一下是一下的时候，就和外在、对方能发生关系；要是执着于自身，遇到阻力，它就是阻力；如果意在外边做，遇到阻力，就和阻力合成一个。我们说“一元”和“二元”最要紧的东西就是能不能和外边合成一体，跟外边成一体的时候，随时都是“一下”，这很重要，这是中国武术最难的一个东西，突破这个就是神拳，突破不了就不是神拳。

摇法和旋法。摇是左右的感觉，旋是中线不丢的转。我们做这个卷、裹动作的时候就是摇旋。顶要顶起来，肩掖一下。胯和肩要有吞、掖的感觉。这个比较难。初学的时候无法把这个事情做得很到位，就跟站浑圆桩一样，初学的时候，从形上、劲上、意上、身外、虚实等这几个方面慢慢地进入。摇的时候，中线和两肩的这种天平关系不能变，中线可以移动，但是不能歪斜，不能跑偏，移过来还是中正，只是变了位置。有些人练过劈拳、钻拳，或者练过云手，出去的时候，身把手送出去，回来的时候，手把身打起来，手一落，身翻起来。

第三讲　超越先天本能，后天学力有为

一、托贝桩（一）

过去说“脱枪演拳”……其中有一个桩就是托宝贝桩。这是拿枪的姿势，这是抱枪的姿势，虽然脱胎于枪，变成徒手了，但是在离开枪的基础上，它升华了，它离开形了，只是取了它的神气。

对形的要求

第一步先得让形对。站的时候，身体的重心在一条腿上，前腿迈出去，后坐掖胯，前面膝盖顶着，前腿能抬得起来，然后把后胯往后拉，手有抱的意思，也有托的意思，在这里托的意思是显出来的，抱的意思没显出来，托着，身体把里边的劲给抽回来，让手虚掉。好比抱一个东西，让身体接触它，把手虚掉，用身体拥着这

常志朗先生

个东西，就跟练枪一样，不是手一直拿着枪，是把枪放到腰上，手就解放了，手解放以后才能用这个东西。就跟打拳一样，把敌人放到自己的中枢——腰上相呼应，把手要解放出来。手以中指为中，大拇指往上提，另外三个手指是松沉的。肘撑开，手有前后，肩膀打开，虽然手的意思是往出伸的，但劲要落到身上。胯松开，膝顶着，身躯承载着手托过来的劲，身躯指挥着、主宰着腿脚，这就是身躯始终主宰着拳脚的练习方法。

如果身边有一个重东西，你抱着，东西就压到身上了，手好像没用劲一样，这个时候虽然是压到身上，但是不能把腰给压死了。身在承重，从腰分开，上身和腿和胯是断开的，它是活的。脖子竖起来，胸放松，手有托的意思。八卦掌有一个动作叫“老僧托钵”，还有，拳术有个动作——托腮，它有松沉，有提，自成一体，这个手就重了。如果不是一体、不分虚实，就要么僵硬，要么飘，它不完整。在一个完整里边才有内容。

肘也是这样，肘是撑的，但不是一个死的间架，它是松开撑着。胯也一样，它坐着，但是它提着，不压到腿上，脚始终在身体能用的状态里边。就是把外边的托劲交给身体，腰还要松开，膝要顶着，后面胯要掖着，肘要撑着，手要托着，肩膀打开，脖子打开。

形和劲以外的要求

再讲形和劲以外的东西。形对了以后，劲都合上了，把自身融到虚空里，把感觉从身体感受中拿出来，再感受身外，意就再不要管身体了。我们身体做对的一瞬间就要离开身体。这个很重要。很多人，形对了以后就享受那个“对”，享受那个“对”等于自己练的功夫跟功夫的功用断开了，已经没有意义了。虽然不追求功用，感觉挺好，但我们要练的不是这个功夫，我们有另外既可抒发情志又能实作基础的功夫。如果不考虑用的练，那就不练对了，因为它是由用产生的，它合了用才是练对了，你说“我不用，我这个感受也没问题”，这就容易让你住到感受里，让你的心性发生了另外一个方向的变化，所以练和不练，过和不及，都不对。所以我们要用，就是守着中道，以用为练，以练为用，练和用到最后要统一。用不用是另外一回事，要知道怎么用，要会用，因为这是以用产生的学问。

基本姿势会了，形状会了，劲意也会了，就是要把自身这种感受放开，放开以后检查身体抱上了没有，身拥到空气当中了没有；两个肩打开以后，检查两肘和空气有感觉没有；膝关节和胯在空气当中能不能带动空气，这样一来就把自我慢慢地融到身外练。

在练的过程中，形上注意两点：一个是肩膀要断开、打开，否则就像有的人练“死”了。另一个是胯，有些人身上和胯不能活，压死了，压到腿上、压到胯上。我们要学会慢慢地调，总有一个角度——身体让腿往哪儿落，腿就往哪儿落，而不是身体压着腿，随着腿落。

我们之前讲过，站桩之前先把眼睛和外边融为一体，通过眼睛把身上的感受也和外边融为一体，眼睛和外边的感觉是一样的，在神气布满的基础境界里站托宝贝桩。站的过程当中，神气布满状态不能丢，在这种状态里检查身体——喉头、锁骨、肩膀打开没有，它能不能指挥肘和手，腰胯和身体能不能指挥腿脚。在感受身体的时候，知道自己在虚空里感受身体，不能一感受身体就把虚空给忘了，这个很重要。感受在外不能忘了在内，在内不能忘了在外。等熟悉了以后，内外都不会忘，就不想这事了。古人说，“不在内，不在外”，内外成为一个东西。我们练的托宝贝桩，最容易进入这个状态。

二、学与练的美学

有些人问“我学了这个桩，学了那个桩，我一天怎么分配时间呢？”我们要把每一个桩都学会，因为人的身体结构、生活习惯、脾气秉性、用力习惯等总有偏颇，桩的形式多了，它容易成全你的神、成全你的意、成全你的劲，所以在练的过程当中，找一个自己适合的桩，把所有桩的要领都能融进去就可以了。不是说每一个桩都得练，但是每一个桩都得学，学和练是不一样的。

三、复习与深化：浑圆桩、卷臂、摇旋

浑圆桩

过去人练功夫脚尖往里扣，年纪大的人这样练就不行，就很容易上火，脚尖朝外越练越柔和。过去练武的人一定要脚尖往里扣，往里扣才能把阳面全打开，腿的阳面才有劲，也符合《黄帝内经》。我们练的时候，两个脚是平行的，膝和大脚趾与二脚趾之间有呼应关系。肘打开，把肩放到脚里，畅胸。胯能松开，胯和脚的意识能合到一起。如果是硬撑着，也能合在一起，但所谓的气就在小腹，这种状态下，用的时候劲道是断的，用劲整体是飘的。肘要撑开，手腕是手指的根，要达到这种状态，否则就丢了。我们站托宝贝桩的时候，手臂有搂、劈、挂的功

用。站浑圆桩的时候，手腕要顶起来，往外发，向内带。

还有一种是这样：肘没有了，手伸出去。过去老先生们都不让练了，怕把这个当功夫练，但是我们还是要练一练，需要了解一下，心口放松，过去练浑圆桩主要是肘，现在肘没有了，在手上，这样一来，腰上又吃上劲了。这两个桩的意义就是要在腰上吃上劲。腰上吃上劲了，平时就不需要再练它。

卷臂

腰上吃上劲以后，我们用这种感受再复习一下卷臂。只有腰上有劲了，这个劲从肩膀滑下去就没有障碍了；如果腰上没有劲，肩膀就是障碍，因为腰是空的。要让腰满了，腰很大，手臂是虚的，让劲往下滑。有人做这个动作时挺胸了，或者是隆背了，就把劲断在胸部以上，就没下去。手起来的时候，劲卸下去，手上是虚的，全是意，劲往身上落。慢慢地，手上的意是越来越大，越来越清晰，身上的感受是越来越满，越来越厚，这样慢慢就进入正轨了。卷臂就是用桩在练，意在虚空，不离自身。

摇旋

摇旋就是卷臂和裹。裹最容易出现的问题就是手虚了。手起来的时候是虚的，落下来的时候要有粘劲——意要粘到一个地方往下落。练的时候因为没有东西，感觉不明显。慢一点儿，粘住了。这个做得越正确就会越感觉到外边练的健舞都是自我在陶醉。这个越是意在身外，就越感觉到——起来的时候，是身体放大到手臂上，一层一层地放大，手是虚的，从身往手渐渐变虚，手虚着就起来了，然后身上变虚，手上变实，从身到手是逐渐变实的关系，让手臂落的时候，后边的身是虚的，不能成为手臂的障碍，也就是落的时候，手和外边有关系，后边是虚的，如果后边是实的，就和外边顶上，就变成对抗了。落的时候要慢一点儿，要克服惯性，克服习气，要粘着对方，落对方，不是落自己。起的时候，不管对方多大，手是虚的，我的虚手跟你一接手，你就变成虚的了；落的时候，你是实的，我的手是实的接着你，我后边的身是虚的，我也让你变成虚的。这个理大概是这样。

四、习练大成拳的认知前提

超越先天本能，后天学力有为

我们前面讲了“中环”的原理和“空有”的原理，那怎么才能把这个原理落到实处呢？必须有真知灼见才行。第一个认知是，超越先天自然本能，后天“学力有为”（《太极拳论》语）。超越先天本能是什么概念呢？有人说大成拳是良知良能，是本能，这是远远不够的。人仅凭本能怎么行呢？我们要超越它。讲“学力有为”，很多人把它分析、分解了，认为只有经过缜密的研究才能概括先天本能。我们要超越这两个。怎么才叫超越呢？就是没有概念束缚。就像婴儿伸脚蹬腿，没有要领，没有技术，但是他先天不完整，他没有学力，他缺少精神笼罩，他缺少的是一元整体——身内身外是一个整体。不只是小孩缺少，很多武术家都缺少。

建立一元整体、精神笼罩的认知

第二个认知是，要打破练和用、打破感知和招法，打破这些东西才能落实原则和原理。我们练的都是为了实现这个原则和原理，我们用的就是原则和原理生出来的、所赋予的竞生状态下的产物。

总之，认知要打破，要超越，要建立一元整体的认知、精神笼罩的认知。其实不是练成了精神笼罩，而是拿外边的神气，用这个精神笼罩在练习，以这个为法门在练习。就是说以精神笼罩为练习的入手方法，在练习的过程当中，身体在整体的状态下缺哪里补哪里。我们为什么学很多桩呢？这个桩能补精神，那个桩能协调身段，这个桩有这种感受，那个桩有那个感受，你在用的过程当中，在生活当中，你自己就会发现，也就会进行调整。浑圆桩是培养壮大这个很圆、整的神气。从练浑圆桩就可以知道，能超越感受和招法，因为神气圆满。过去说神圆、气圆、力圆，气息饱满的时候，心里就会对动作招法不屑一顾，自然出来的东西很强大。这是恢复桩和浑圆桩的功用。那我们怎么超越呢？只有练技击桩才能让精神真正地超越。所以我们对几种类型的桩和它们的功用、练法都得明白，以后在学练的过程当中就不会盲目，就不会不懂。我们过去学拳的时候，师父老说“学练拳”，不是学拳，也不是练拳，是学练拳。现在人很少这么干了。

知道了这些原理、知道了这种认知，知道了桩的功用，我们再站桩的时候自己心里就会重新站。重新站就是以精神布满、精神笼罩入手。你看过去站桩的人，王老先生早期一些弟子站桩都有功夫，都不讲究，后期的王常二师他们站桩，他们任何时候眼睛都不会收回来——比划的时候不收回来，站的时候不收回来；看他们的照片，只有王老先生、王常二师的脚是分虚实的，其他人站桩都不分虚实。具体来说，只有精神树起来，才能合天地，才能借空间，才能得机得势。精神树起来，这个有形的骨肉系统还要跟得上变化来应用，要不然就成了虚假，光成形而上了，没有形体在支撑，不能起用，成假大空了。身上练对了以后，意在身外，意在身外的时候，神气布满，再检查身体是否还是这个身体。这个时候，所谓精神、意感、本能活力、任运无方、没有固定的招法等，就连培养这些原理、原则、方法这些概念全没有了，那些都是说辞，这是进入了实质性的状态。

基本功夫与应用的因果关系

很多人有功夫，但是这所谓的有功夫不能用，为什么不能用呢？就是练的功夫、用的方法，那种状态，功夫是方便了，但是同时也成为障碍了，妨碍了他的用。为什么能障碍呢？就是他不明白怎么用。你看练所谓的内家拳，都讲究腰，活腰，有各种说法——“练拳不活腰，终究艺不高”“要挺腰”“要拎着腰”“要拔腰”“要塌腰”“命门要鼓起来”等，互相贬低对方不对。其实这些都是方便门，如果不知道想干什么，光争这个应该怎么样，这就是不明白。从而导致在旁枝末节上争论。腰是主宰，腰统领全身，腰和外面发生关系，如果给腰加上那么多束缚、障碍、要求，它怎么主宰、怎么统领呢？所以腰只要有感觉就可以。牛耕田的时候，它累了就会弓着腰；举重运动员提杠铃的时候，他一定要塌着腰，要不然腰就断了。你说哪个对呢？腰是主宰，它用对了就对了，它没有固定的模式。那我们练卷臂的时候，如果腰和腹部不满的话，就会障碍肩膀。满不是形式的满，它形也可以是收的，它可以让劲落下去，让肩膀没有感觉、没有障碍，腰就做对了。它不在形式，在于做对。

五、传统功夫：抽扯插带

我教一种适合八岁到十六岁少年儿童练习的功夫。

大人知道就行了，不用练。如果家里有小孩子的可以学一学。为什么大人可以练就随意了，因为动作起来很快就能提升阳气，小孩子没问题，大人就容易急躁、发脾气。这两个动作一个是升，一个是降，练着练着就会突然发现，两个都是有升有降，是一样的，没有分别。这个功夫名叫“插和抽”。上马步，胯和膝盖是这样的弹性状态，弹性很细微，显不出来，外形上不能有起落，一手按住，一手提起来，这是抽，好像地上有个钢钎，把钢钎抽起来。还有一个插。腰要放松，要挺拔，挺拔的时候不能把腰弄紧。腰和胯的整体是活的。

第四讲　天人合一的方法及其在拳学上的应用

一、复习与深化：插和抽、卷、裹

插与抽

再复习一下插和抽。蹲下去，身上放松。放松，这个胯不受身体和腿的影响才跟地、脚有弹性，然后抽，身上是松的起，这是抽；还有一种：插；抽插变成一个东西了。

我们练鞭杆的时候，有个单手鞭，起来的时候有一下，然后落下来，再起，这是一种；还有一种是上来没有，下去有；还有一种，上下都有。我想说就是练的时候可以有几种情况：上有、下有、上下都有。形式可以简单化：我就练上；我就练下；上下都有；上下都没有；

在身上、在腿上，上下均衡。

卷

复习卷。就练一个卷，跟一步，卷上去，手臂不能有力，就是里边那个芯（像电线一样，是里面的线，而不是外面的塑胶）蹿起来了，但是虚的，意识蹿起来的时候是虚的，左卷、右卷、前卷、后卷，这是卷。

裹

裹。裹到中线。单练裹；单练卷；最后裹卷变成一个。练慢点儿，有各种变化，外形不规则了；再慢，慢到最后变成桩了，由身到手渐虚的桩。

二、天人合一怎么合

我们说站桩干什么用呢？既然大成拳是天人合一的拳法，那怎么合呢？我们站桩就是让身心能变成真正的精神。王芗斋先生说大成拳是重精神的拳。怎么才能变成精神呢？变成精神的办法就是站桩。要在站桩中能让站桩的结果成为精神，这就要提升认知。首先是让全身任何地方不能有僵滞和障碍，这是指有形的身体、间架结构、关节支撑、肌肉松紧等，把这些都做对。做对了还不够，还要能感知外边的风寒暑湿燥火，在这种不利于身体保持正常状态的条件下，还能规避这些风险，所以身体必须要有智慧。那么心呢？看不见的心、神、意、气。有能量、不杂染——就要让所谓的喜怒哀乐、忧思、惊吓、恐惧、悲伤等，让这些不能进来。怎么才能让它不进来呢？古人说“拳拳服膺”，就是你确定这练习的是生命的主体，始终在这个上面，才能对外有觉知。有觉知，才能以身外印证身心，才能行乎道中，才能不可须臾离也，其他东西都是小魔小鬼，到你跟前不起作用，以至于到最后，强大的敌人在你跟前也是小魔小鬼，这就成了。

那站桩的结果是什么呢？就是我们说的身心要干净、

纯粹，只有这样才有感知力、才有觉知力，意才能有力量；所谓的意拳，意能有力量，意在外面的显现——即所谓的神气，才能真切，才能用。训练过程当中采用的所有的假借、牵挂等都是方法，它的结果是拿精神统领有形的骨肉和无形的虚空，用精神把这两者连起来，所以它超越了本能，超越了学力，这是大成拳。

很多人不知道精神是什么，认为精神就是信念、就是无畏。其实精神就是意体、是无形之形在身外的存在，所谓神游物外。王芗斋先生说“精神要真切”，怎么才能真切呢？精神不是僵硬的肉体再加一个意念，仿佛显得有精神，不是！精神是把身体化掉以后，融到虚空当中的状态。老前辈说“精神加精神就是精神病”“要把身体化到神气当中”。没有身体，精神统领着身体和身外，要跟外边发生关系，精神跟外边连起来，这个身体就要在连着那个通道里边随着这个“连”，而不是自己另外有个身体僵滞的存在。就是干净、纯粹、无染着，返婴寻天籁，就是完全没有我执的一种状态，这个身体才能为精神所用。

精神怎么用这个身体呢？和外边建立一个一如的、不二的整体状态。换句话说，就是自身身体的属性和外边的虚空是一样的、无二、无别的。我们经常讲，把茶叶放到水里边，这个时候你眼里就是茶水，没有水、没有茶，是这样的状态。那用的时候，我们说的精神就是“大身”，精神就是身体的延伸，或者是身体融到虚空；从身体方面说，是身体的延伸，从虚空方面说，虚空包含着身体。

那我们练这个卷的时候，手臂很小，意识和身体很大，身体过去卷。我们裹的时候，身体没有了，手臂很大，大得跟虚空一样，和对方、和虚空是一体的，就回来了。为什么出去的时候身上要大，手上要小？因为它主宰在脊腰胯，出去的时候手上不能有东西，如果手上有东西就会成为身体的障碍，因为它在前面。回来的时候，我的手和对方同时落，身体要腾开地方，腾开地方不是绝对地没有，它是一种虚的状态，这种虚的状态瞬间就变成虚大了，瞬间就涵盖过来了，它是这种状态，它是由用所产生的变化。无极、太极、阴阳是一个东西，它不是分了阴阳，它显现阴阳、显现阴、显现阳；显现阳、显现阴，它没变，始终既有阴也有阳，是这个理；动则分，静则合，一动它认识形式上分了阴阳，它不是分了两个东西；静则合，不是合成一个属性，还是两个属性（既有阴也有阳），你看不到两个属性（阴、阳均不显露），你只看到这个动。

三、天人合一原理在拳学上的应用

推手和断手的区别是什么呢？就是形和意的用法上的不同，原理上没有区别，是一样的。

有人问，跟泰森比怎么样。泰森很厉害，泰森有天赋，泰森是得天独厚，得天独厚就是别人比不了的。有人采访泰森的时候他就说，他唯一战胜不了的可能就是阿里。泰森没有完全通透到阿里的状态。为什么他不能通透呢？为什么他很有天赋也通透不到那个程度呢？正因为他天赋太好，得天独厚，先天就有了很多东西，他不用绞尽脑汁去达到那种状态，他身体就能做到，因此得天独厚就障碍了理的通达，但是不影响他厉害。阿里是什么呢？阿里始终有无形的中——即所谓的精神，跟对方粘黏连随，用精神粘黏连随，身体没有粘黏——即“离黏随”，就是形体离开了，精神始终在控制对方的状态，他的双手不用任何招架、格挡，他就是一件事情，就是打对方，这就是断手的精神接手，无形间架，精神接手、断手的一种方法。

还有一种方法，叫“搭手断手”，是接上了以后断手，接上了是有形的身体接上了，但是精神要断开，断开了以后是精神调整虚实，这是两个不同的事情。搭手，搭手断手这是高境界，比较难练成。过去懂的人都很珍惜，不愿意讲，但是大部分人都不懂，即使懂点儿的也是一知半解。

四肢功桩、鹰桩、摇桩、熊桩、金刚桩、杠杆桩等等，这些桩严格地说不完美，它们是低降一格的，因为在传承中大家理解不透彻，或者是老前辈们不愿意说那么清楚，所以不容易学会，从而导致了身心不能进入完全承接的状态，那么就要用这些桩法来弥补训练的不足。为什么要弥补呢？没有真正地以中国文化的精髓作为背景支撑，所以就很难全面理解这些传承。

如何达到理解全面？以八卦掌为例。八卦掌，它背后的文化支撑是什么呢？那就是八卦。八卦是什么意思呢？八卦就是天、泽、火、雷、风、水、山、地这些象义。那八卦掌吸取了什么东西呢？吸取了自然界八象的能量属性，用下沉掌、探掌、推掌、或者是“托天按地”等这些转掌形式，找到一个力量属性和自身匹配的状态，以浑圆一气来统领，生机不断。

形意拳，它的五行拳也是木、火、土、金、水五种能量的属性，有些人可能就适合劈拳 ，有些人可能适合钻拳，有些人可能适合崩拳。掌握了，就有所依，然后升华，把有所依的这种身体状态融到虚空当中。需要提醒的是，可能大家追求有所依的时候，就把放到虚空中这件事情给忘了，都练到自身了，反而加固了自我。

太极拳更是文化了。太极就是自身的阴阳相合、无障碍，和外在的阴阳相合、无障碍，但是很多人练的目的是想和自身合，合了半天也没合上，这很遗憾。太极拳的初衷是“近取诸身，远取诸物，精神统领”，但是很多人练着练着，不仅没吃透老祖宗的想法，而且还忘了。

劈挂拳前边还有——滚、勒、劈、挂，那就是比试的时候遵循了一种原则：搅拷劈挂，放长击远，长叼冷抽，溜臂合腕。抽就是往回打，就是把人搂着打。

八极拳是那种近身短打，它叫“崩”“崩撼突击”，就是利用力臂、螺旋，近身打法。我说的都是它们最初的立意、想法。有名的这些拳法就是这样的。

少林心意把、心意拳，它的特点是“一枝动百枝摇”，用的是腰胯。大家有兴趣可以在网上搜一下少林心意把的传人，他的动作全部是腰胯把它变化出来的。

普通人练拳都容易拘泥于自己的身体，没有打开，他所依据的东西都聚到自己身上了。但是古时的人他有立意，认准一个能依靠天地山泽万物的东西，比如木火土金水各种属性的力量、掤捋挤按、八卦、五行、方位等，他的能量就超越了自身骨肉，这是古人的智慧。现在的人一门心思想自我强大，老在想我怎么样、我怎么样，其实“我”不怎么样啊。

再说翻子拳、戳脚。戳脚，是把自己定位在点上，往外打。翻子拳是把敌人定位在点上从周围打，一个是从一点往外打，一个是从圆周向圆心上走，都是在空间上找到了一种感受，然后在这个背景支撑下把他的拳术逐渐升华，但能不能用，都是相对而言的，就看谁能与背后所依的融为一体。最终所有的拳法都要融于时空，空——无所不包的虚空、可以变化万有的虚空，大成拳亦如是理。

我们现在说了这么多理了，然后这些辅助桩有什么用呢？你站矛盾桩了，你突然觉得，我身上很得劲，我手腕不得劲。有个四肢功桩，手握拳，一提，跟大猩猩一样，其他的要领都是一样的，只不过是把手腕提起来了。手腕提起来，这手臂里边的筋就拉上了。这是四肢功桩。

还有一个很强大的桩，它不是弥补哪个地方不足——马步，身上要松，要能坐下来、能提的起，两臂左右伸出，这是金刚桩。不是蹲马步，蹲马步就蹲死了。

还有一个熊桩，有些人身上老不得劲，练推手，别人一摸他身上，他身上是空的，有一句话叫“上节不明，无依无宗；中节不明，浑身是空；下节不明，埋根失根”。熊桩，它练腰身和手臂的关系，但是就像浑圆一桩二桩一样，找到腰的感受以后就无须再练了，这个也一样，找到这种感受了就好了。

四、有精神才有拳法

为什么我们刚才说那么多理呢？就是怕一说这些东西，一上手就得劲了，就咬住不放了，咬住不放就练到自身了，到时候练得看谁都不行。真正练对了的拳是什么呢？就是本能之上、学力之上，有精神才有拳法，是身心的能量在无我的状态下的激发，是精神主导着拳法，而不是身体，精神统领着天地，圣贤说为天地立心即是此意，所以说没有精神就没有拳法。用的时候才有，不用的时候不显，不是说不用的时候你能看见有个东西在那儿，不用的时候跟平常人没有什么区别，但是用的时候，他的能量是越激烈越能源源不断地出来，他的用是在那种用精神的层面才能出来的功用。我们练的是精神拳，这个是最重要的。比如过去王芗斋先生比较喜欢的一个弟子叫李永宗，李永宗是非常讲义气的人，他长得虽然瘦弱，但是心地特别纯厚，他对他的师兄弟都和自己的亲兄弟一样，他对外边的坏人可是很厉害，所以在门内，练得很差的人和他推手，经常玩他，把他推到墙上，他老是这样。但是他们在外面有什么事，第一个想到就是他，他去了以后，他往那儿一站，对方全怕。用王芗斋的话说，他是真正练对了。

第五讲　以用为练、用练乐练

一、果地修——用练的原理

我们练了往上的动作，这个动作的名叫“卷”，这个动作的性质是“提”。跟“提”相对应的是“顿”，提上来以后，顿下去。由胯到肩，顿下去，要练这些东西。这个动作究竟是怎么练呢？顿的时候，虽然是胯先走，是胯给这手腾地方，这千斤坠要坠下来的时候，后边要腾地方，这是提顿。传统有一个动作叫“归车旋”，就是过去赶大车，晚上要回家了，那个车轮子——归车旋，这是它的“官名”。后来在流传的过程中形成了很多小名，也叫“鬼手断”，因为这个动作连绵不断，而且在实战应用当中连环无间。有一句话叫“学会鬼手断，天下功夫打一半”。在流传的过程当中，它也叫“鬼扯钻”，动作练小了。练提顿的时候，我们要遵循“中环的原理”“空有的原理”，还有一个很重要的就是“以用为练的原理”。为什么说“果地”呢？如果建立在用的基础上，身体所有的感受，什么归车旋、鬼手断、鬼扯钻，自我的感受都没有，这种感受都要融到用当中，用需要身体是什么样的状态，我们的身体就是什么样的状态，这个很重要。那有些人沉醉在练当中，他跟用没有关系了，因为打人的时候需要力量，他就练力量，练的那个力量跟打人的力量不一样，但是有些人就认为是一样的。

王芗斋先生就讲“身动起相外”，那就是精神要统领着身体，这是第一步。身体骨肉间架的动作要服从精神，他所有的技术形成都是练的时候“面前无人似有人”，用的时候在一个“对面有人似无人”的状态。用的时候，身体会不会有自己的习惯在里边，是不是把这个要去掉？是不是要随着对方而用？我们练的是这种能力，所以就先有“对敌”，才有相应技术要求的身体，技术是对敌这件事情产生的，这样才是一贯、是整体，不是局部。如果没有“对敌”，自己想当然地练，所有的东西都是局部。我们说“对敌”，不一定非要有个真人在面前，“无中生有”“无人似有人”，精神状态要出来，身体要符合这种精神状态，是这种状态对敌。你可以大，可以小，可以起落进退，可以吞吐开合，各种都是“因敌变换示神奇”。

二、王选杰先生实作五字诀中的两个字：“连”和“活”

王选杰先生传大成拳对抗的五字诀，我们今天说第一个字和第五个字。第一、第二、第三、第四个字都和第五个字关联，第五个字叫“活”，第一个字叫“连”。我们练这个动作，你看手臂往上，往下，再往上，往下……它叫“连”。光“连”还不行，还要“活”，肩和胯要活，进步也一样，退步也一样。它就是“一”，从头到尾就是“连”，它连起来了。在这个连起来的整体，没有缝隙的状态下。第二个要领叫“严”——严密。第三个字叫“准”，咱们先不说这个，先说第一个字和第二个字——“连”“严”，真正连起来了以后，身体和手的感受要成为一体。有些人手臂在连，身上没有，他不严密，如果手控制不了人，身体就会受到攻击，你身体是活性的，我即便成这样了（手臂开得很大），身体也能跟对方发生关系，这是“连”和“严”。

三、复习与深化：提、顿、摇旋

再复习一下，提，顿，上也有，下也有，胯是虚的，手臂落下来的时候身体一起落。上下连起来，再把摇旋加进去，手不动，身体摇旋，实际上是肩胯在做。一些人练拳是手臂在动，在疯狂的发力，实际上是肩胯在做这个事情，肩胯在做，传递到手，手和对方发生关系；如果是手在做这个事情，手和对方发生关系就是对打。如果用肩胯做这件事情，对方跟自己的肩胯接通不了，说不上话。

四、分水试力的理论基础

（一）形和意的关系

第一，王芗斋先生说“形都不似，何谈意乎”，就是自身的中环一定要建立起来。自身的中环是无形的，我们说中枢是中，四肢是环。有时候跟对方接上了以后，全身都是环，就接触的这一点是中；我们说水里的葫芦是中，别人摸它，它就能解决所有的问题；但要是能转变过来按住葫芦，就是中，用这个环使对方变不了。我说这些是为讲分水试力打基础，分水试力是一个特别重要的试力，但是一些人可能认为它简单，把它归到养生的训练范围当中。

王芗斋先生说“形都不似，何谈意乎”，这句话是针对“但求神意真，何须形骸似”讲的，只要神意真，形不重要，但是后来他发现，这些人形不够格，形也是很重要的，形做对了以后才不在形上计较，形意是这种关系。

有一个动作大家都知道，云手。这个动作刚开始练的时候，以脊柱应敌，就像拳王阿里比赛的视频，以无形的瞄准探测系统应敌，手闲下来，练“连”这个动作是一样的，刚开始用这个有形的中，这是有形要做对。那神意真，神意为中，让身体这个环和中都变成环了，那个无形的空气，就是那种神气就是中了，它用身体，不局限于手臂和身了，碰到哪里哪里就是环，那个无形的中运用身体的全部，运用每一个点，碰到胸部胸部也是云手了，往这里也是云，往那里也是云，云不动的时候它就散开了，让它往空里靠，靠的同时又蓄上力了，重新又启动了，它连绵不断。

（二）以用为练的重要性

第二，“以用为练”的重要性。如果以练为用，这个练就和事实、和本来出入很大。举几个例子，比如刀剑，要是不根据人的需要，做成再美的工艺品，它可能不称手，它做的时候可能是为了美、为了锋利、为了这个平衡、为了那个配套等，但是它跟真正拿起来用的感受没有接上，所以要以用为练。还有力量，练的力量跟制人而不制于人这件事情有没有关系？关系是多少？中国传统武术很高妙的地方就是它能“牵动四两破千斤”，千斤力量在这里可能就没用了——不是力量没有用，如果力量四两变成千斤呢？那你永远也牵不动了，它是变成整体力量了——等于四两那个局部力量让别人给勾住了，它不均匀。

（三）身心不染着

第三，情绪。如果练的时候情绪波动，对身体肯定不好，如果对抗的时候有愤怒、有恐惧，这就有问题，这说明身心的功夫不够大，对方就能牵动你，夺了你的全部，就是不能一以贯之，不能守中，不能发之为和，一来就破了，破了以后一切都谈不上了，更谈不上精神笼罩。精神笼罩是建立在身心不染着的状态下，身体要在均衡、均匀的状态，就是自身各个关节、肌肉等先不要有阻力，然后与身外不要有阻力，这就不丢不顶。

（四）不对抗

第四，不对抗——就是身上没有意。大成拳不是对抗的、不是对打的拳，是攻击的拳，就是我精神出去，精神统领着有形和无形，一起笼罩着对方，打击对方，对方不知道你的精神笼罩的所在，接触到你身体有形的骨肉没有想法——就是没有意，意在身外，没有想法本身就是一种智慧，遇到阻力它知道怎么办，遇到强大的阻力又会怎么办——一般情况下遇到能克的阻力，始终在一个控制打击的状态；遇到克不了的阻力，始终在变化打击的状态，没有任何僵滞。站桩就要把这些东西站出来。身上没有意，要什么呢？要全体均匀。王先生说肌肉若一，就是均匀。只有均匀有觉知力，才能不对抗。不是哪一个点，是要均匀有觉知力。那首要前提就是精神要笼罩，精神笼罩就是意有着落，有用，身体才能腾出来做这件事，就像生活当中，你要等一个人，没完没了的，心里越来越着急，你把等这件事情放下，干别的事情，这时间就过去了。就是意不能落在这个事情上。

（五）站桩的要领就是不动，试力的要领就是慢

第五，我们练的时候，站桩的要领就是不动，试力的要领就是慢。只有不动、慢，才不会影响你精神的觉知力。你要是快，所有这些就过去了。到最后你的觉知和身体要慢慢地配合到这种状态——有觉知身体就有反应，这就能用了，到这种状态才行。要慢，要不动，形要归中，慢慢进入。由不动到慢动，到产生觉知力，到精神笼罩，这完整一气，都要清晰。王芗斋先生说“慢胜于快，缓胜于急”。

五、分水试力、泼水试力、钩挫试力、蛇缠手试力、波浪试力、神龟出水试力

现在讲试力，有几种：分水试力、钩挫试力、归车旋、波浪试力、神龟出水试力、蛇缠手试力，这些一起说就容易学会。王先生说，整体是什么？形意须归一。形很重要，但是意更重要。形重要在哪儿呢？形和意如果不归一，他用的时候就不是以中而用。

人的手臂，前后运动有三个轨迹：第一是水平往前，第二是下弧线往前，第三是上弧线往前。分水试力明显是偏于上弧线往后，他要把水分开，他要往后，所以分水试力和泼水试力这两个要同时揣摩，同时研究，同时习练。分水的意思是把对方要吸过来，由手交给身体，这个很重要，慢慢来。泼水试力是身体做着做着就交给手了。所以王芗斋先生说“形力须归一”，他在不动当中，为什么刚才讲要不动，要慢呢，在不动当中，找这个身手既分又泼的感受，有了这种感知能力的时候，就是假

借外边的力来了，恰到好处地随着这个力是泼或是分，就合上了。

钩挫试力。托宝贝桩，手托着，往回，往回的时候就是手，用手臂接也行，用手接也行，用哪儿都行，慢慢交给身体了，沉下去，身体把手虚送出去，慢慢地完全到手上，然后手腕转一下，转换是因为要跟“连”那个动作一样，要连绵不断，不能直来直去，出去以后手腕旋一下，就是碾着对方、挂着对方就回来了，回来了以后再旋着出去。钩挫试力有点儿直；分水试力和泼水试力有点儿开合；还有一个蛇缠手试力，手腕往外一旋，转回来，出去的时候，旋到最后手上就没有了，就到身上了，这样来回转，就让直变成摇旋了。波浪试力练的是起落，手由上到下，回来，出去，只是一个轨迹。神龟出水，手从上回来，下着出去，胸要出来，手暗地里就过去了，然后又起来了。不能练成为了追求龟的动作，身这个主体是死的、僵硬了。身要起来，是这个东西。神龟出水最秘密的就是不能是神龟，是人。手臂托着对方起来，是假托，身要起，起来再出去。这就是“但求神意真”。

六、用练转换的关键：习练“摇旋”和“上下”的重要性

“摇旋”“上下”是拳术里练用转换的两个内容，开合和吞吐都是在这两个基础上的。开合是左右成分多；吞吐是起伏进退成分多。王芗斋先生早期的拳法就是“三劲整体，六力错综”，就是上和下、左和右、前和后六个力。我们做这个提顿是上和下；卷裹是左和右，它有向回的劲，有往外的劲；钩挫试力有吞吐，但是这些都是早期有形的身体占主导的练法。王先生定性的拳法是神意占主导。神意占主导，身体的变换，很重要的概念就是“一”和“二”，二也是一,一也是一，为什么说形意归一呢？这个很重要。所以做这个动作的时候，无论是上和下的，还是左和右的，都不重要，重要的是把上下的那个

中、起落的那个中要找到，找到以后放大，融到虚空中，融到虚空的时候，它就没有形上的上、下、左、右的束缚了，它脱离开形了。就是动作没有绝对了，因为你一直培养不落于上，不落于下，不落于中，一直处于一个活性的能摇旋状态，这摇旋又在空气当中，这样一来就不会执着于一个动作，用的时候就是真正地做到因敌变换显神奇。知道均匀了，然后这均匀怎么用呢？如果锁骨紧了，肘撑开，放松着撑开，把它拉开，这就是会用了，这横的就都有了。如果是竖的呢？手臂能撑开，撑开还是虚的，因为有这个中枢在这儿，这就是梢、根、中互相地调整，胯掖着，膝盖顶着，放松，再往下做，就是身体完全能服从于意识，要做到无意当中服从，就是你意识在外面，身上就没有意，但是身体能服从这个意识。

七、大力金刚桩的要领和功用

有人问大力金刚桩、罗汉桩的要领跟功用。这个金刚桩过去人喜欢的原因就是容易练成力量，特别是大成拳里边摔跤的，马步扎下去，身必须正竖起来，手指头竖起来，肘意要沉着，腰松开，胸口松开，脚趾头松抓地，身往上腾一下。它就是身体变化比较快，比较粗的功夫，但是有些功夫粗比细更适合练用。

答疑

弟子问：请教师父一个问题！师父讲到要用肩胯。请问用肩胯和用腰脊是一回事吗?

师父：肩胯和用腰不矛盾，就是身体所有地方的用力都跟腰是一回事儿。因为所有地方的用力都是以腰为主宰的用力，这是前提条件。腰是全身的根，所以腰根必须有生命力，必须是活的。你试一下，如果腰部不活，其他地方再活都是局部之力。腰活不一定是有形的活，它也可以是灵的，它不一定是动的。你扎着马步冲拳，腰要有灵机，这拳就是整体；否则你乱扭身子也不行，也不是整体。

既然腰是全身的根，那为什么还说肩胯呢？因为肩胯是四肢的根，只有四肢有根了，四肢和全身才能以腰为主宰，所以肩胯非常重要。大成拳说肩胯，肩胯是两个境界：一个是满的境界，一个是空的境界。发力的时候，有时候以它为满，有时候它是空的，它不能满；它是空的。肩胯力就是肩胯都不用力。

有些拳术说传递——起于足，主宰于腰，行于哪儿、发于哪儿，这是容易令人误解的说法。因为发力是整体的、是同动的，它没有传递。他可能表达的并不是这个意思，但是字面上却容易让人理解成这个意思，所以他强调腰的时候就把肩胯给忽略了。练大成拳、意拳有些人，注重肩胯的时候就把腰忽略了。

所以我们看一个问题，一定要整体的看。还有包括什么挺腰、拎腰，什么命门鼓起，什么命门往里收，等等，所有的东西都是说法。你提的时候，一定要把腰塌下去，腰才不会受伤，否则就把腰提断了。往前拱的时候，往回收缩的时候，腰一定要出来，否则力量不顺，就滑不过去。我们认识事物的时候，不能局限在自己的有限的范围里面。

第六讲　依原理而行——大成拳劲意的基本训练

一、依原理而行

练试力动作就可以把这些心法、要领融入进去。

知道这些原理了，我们在练的时候就依原理而行。每一个动作都要在这些原理的通道里练，不能妄动，不能盲动，否则练的时候就把原理丢了。

二、意力相逆的练法——钩挫试力

因为试力很难，一练就把真正的要领忘了，就回到自己的习惯里了。

试力的第一层功夫就是想用意不用力，意力分不清楚，混混沌沌的。我们现在练“意力相逆”。意力相逆是什么意思呢？就是动作意要出去，但是力量越来越松沉，是往回的；只是用意领着，手要慢慢地飘出去。手往回拉的时候，身上一空，就到手上了。这就是意力相逆。通过钩挫试力，把自身融到空气当中，王芗斋先生说“空气当中游泳”，就是把自身融到空气当中，把空气当成水，就是把自身融到水里做这个事情，这个时候你才能体会到“慢优于快，缓胜于急”，如果快了，一过去就没有阻力了，没有跟空气的摩擦力了。慢慢地在“水”里体会身体各部位的要领还对不对，腿意要离开地，往腰上归；手往腰上归，归着归着就放出去了。回来的时候就是手和脚，身上都散开了，但是身体和空气的感受还得有，手和空气的感受也得有，这时候用功就用功夫了。用功很难，听故事很容易，练成故事就难了。手回来是“水”的涌动把手涌回来。手回来的时候，身体又让着手，又合着手，又随着手，把它散开，好像一个气球一样，你一按它，它从旁边就散开了。手回来的时候，意念外边有个力量过来，身体吸着这个力量，吸着这个手，掤着这个手，把接着这个劲放大——放大，放远，放没了。手回来的时候要接着对方，把对方接到身上放到虚空。怎么练呢？刚才说了，在空气当中感受，练的时候容易心紧，赶紧放松腰。腰一松，心就松开了。这是意力相逆的练法。

大成拳试劲用劲意力相逆的两个基本方法：一种是用虚和空间融为一体，我们说虚手弥漫出去，就和水变成气似的；回来时候身体虚化，手粘着对方落入虚空。这是与空和，练势、练大。另一种是全身筋骨从身而出，筋含劲力骨存神，神游物外即是筋骨犹如石出水落，不拖泥带水，得机无阻。

三、意力归一的练法

意力相逆练好以后接着练意力归一，就是意力不二的练法。意要远，劲要沉，慢慢地接近，突然合在一起了，接外边的劲，也可以迎着接，也可以退着接，也可以提着接，也可以按着接；我按着接，我提这个东西还在；我提着接，我沉那个东西还在，出去的时候有回的意，回的时候有放大、有出的意思。越练越自如，古人说“先求开展”，这个去的意识很大，去的意识越大，身上越满、越沉，然后让这个大、这个沉慢慢地靠近，我可以很大，也可以很沉，合成一个，但它不是一个，是慢慢地紧凑了，由开展到紧凑是指这个，不是指动作大小。一些人练拳把动作大叫开展，把动作小叫紧凑，这是外行，这是失去传承了。就是意力须归一，归成一个，但它不是一个。

四、提拉的练法

基本要领

老前辈们都很慈悲，按道理将试力、意力关系就说清楚了，但是大家不容易学会，他们就给身边的一些弟子们教授自己经验的方法。今天我告诉大家一个方法，古人叫“提拉顿挫”。“顿挫”不好练，我们练“提拉”两个动作。

之前我们练卷，手臂是这样屈肘起来，现在手臂看似是直的起来，但不是绝对的直。手起来，脚同时起，脚落下的时候不要与地面有顶劲，一顶就把手上的力量给破了，落脚随着身体下去的势，地面和脚是不丢不顶的，如果落脚弹起来，力量就顶上来影响手臂。有些人落脚的时候有重力，这是不对的。

形式学会了，现在再进一步。它不是手臂在动，是身在起落，但是不能练成晃荡。有提、有拉的感觉。气放松，手是虚的，脚也是虚的。我们原来讲过坎卦（☵），坎中满。脚是虚的，手是虚的，是身在用。我们现在讲的都是根本的、原始的、符合原理的。手与足合，肩与胯合。慢慢地，感觉到手臂和腿是身的延伸，而不只是一体，手臂和腿是独立的，身体把手扬起来。这个练着很容易就练跑了，跑的原因是大家看的太多了。如果能坚持住不跑，就会有很好的收获。

意力相逆练到极致，就是意力归一，意力不分了。手与足合，脚和地不丢不顶。手与足合，脚不能反弹，这是重要的要领。

五、双扑的练法

第一步要体会空气阻力，融入虚空当中，就是“中环”“空有”的原则不能丢。这是完善自身的方法。这一步很重要。

第二步就是有这种融到虚空里的感受以后，把自己融到实作的场景里去练。意必须很专，但是不能住到专上，专而不住。练的时候身上不能紧，把自己融到两个人对战，或者生活的环境中，融到这个场景里，然后假设一个弱的力量，从很合适的角度，有个力量慢慢过来了，手慢慢地，很轻松地，专而不住，扶着就接上了，接上的同时，如果发现肩膀紧了，放松肩膀，腰紧了，放松腰，然后学一个新东西，这个很重要。有些人不会练前面两个试力，现在学一个步法，这个步法古人叫“双扑”，双手虎扑的姿势，手臂也是直的。一条腿支撑，迈一条腿出去，手臂比肩膀宽一点儿，还是直的，把手虚化，把腿虚化，前面膝盖顶着，把胯勒住了，手扶着东西，虚支撑腿，虚的时候，掖着胯，顶着前膝，让膝跟后胯呼应，肩膀松开，身体拧转，尽量不俯仰往前移，腿上的劲不能懈了，不能往前移的时候腿没有用了。还是这个姿势，掖着胯身往前，手也往前，掖着支撑腿一侧的肩，掖胯掖肩，掖住了，把它放出去。放出去不是随着过去了，得掖住了。这个很重要，这个是融到场景里不破体的练法。很多人融到场景里，身体就破体了，为什么他看上去挺有功夫的，但一用就没了？就是平常的功夫在用的时候就破了。所以今天的试力和步法是最重要的，它是一个媒介，是练和用之间的一个转换。

第一个心法就是融到虚空，融到“水”里边，让身体每一个部位都和水有关系，都不能丢掉；第二个心法就是融到实作的场景里边，运有化无，就是运一个“有”的东西，把它变得和没有一样，就是古人说“拳无拳，意无意”的一种状态。“有”和“没有”一样，就自在了。

六、中国式的练法：动静等观

如果用不上，就是用的时候练的那个场景没有了，身体那种练的感受没有了；练的感受好的时候就是能用的感受，但是用的时候就没有这种感受了，就是功夫不通透。古人说“动静等观”，一个人练可以，两个人用就变了，就不行了，就是功夫不到。练的时候是什么状态，用的时候不但是这个状态，甚至要超越练的状态才行，而不是退掉。所以生活当中遇到事情，遇到想法，要升华练的状态，而不是退缩练的状态，这是中国式的练法。这是什么意思呢？王芗斋先生说断手，用的时候是“断敌可来之手”“断劲、断形、断意”，我们怎么升华它呢？就连断手这件事情都要断掉，就要跟生活拉平了，才不至于用的时候退了、变了，用的时候跟平常练是一样的，反复地说，不但用的时候要和平常一样，还要超越它。只有拉平了，只有把断手、自己养生、练看对等了，这才是无杂染的心做这个事情。不对抗可不是所谓的消极等待。特别是练融入场景当中，要把自己的大身显现，对方是自己大身的一部分。第一阶段练的时候，融到空气中、融到水里边，融到海里边，要让这个水越来越大，都是你的延伸，然后用的时候，大成为自身，所以没有界限，练着用，用着练，练和用没有界限。

七、提拉的练法

两种练习方法及要领

手臂直着前伸，扶住，重心落在一条腿上，如果不想走步子，可以抬起腿来练，腿的阳面有挪劲，不是练拳套把腿抬起来那么简单，腿的阳面跟外边的空气粘着，肘是沉的，虽然手臂看着是直的，肘也是沉的，甚至你觉得举不起来，这是一种练法。

另一种练法。走起来，脚落出去了，重心纹丝不动，还在后腿，然后才有拧转前移这些东西，肩是断开的，这个时候肩胯全用上了。

严格练习提拉，不要跑到摇旋上去，等等，你所知、或者所看到的练法里，以后所有的变化都出自这个。当年我练双手齐出，师父每天盯着我必须练这个。有的人一直在练晃手臂。我后来跟他们见面，他们比划的时候，我一看全是努着劲想表现，而不是自发的。就像有些人练健舞，他光想疯狂地用劲。师父练的全是神韵，他没有偏废，他不是说非要用劲或者快，不是靠什么动作，他所有的动都是全身，他练这个练得妙，就是练基本功他也练得很妙。

让一下，进入场景里边，让不是缩。太极拳有个劲别叫“捋”，很多人练成力量来了他贴着身捋过去，这是自己没功夫把拳练坏了。如果练的明白，有功夫，他是饱满的，他掤是满的，捋也是满的，就像一个大圆球，捋是让对方从自己的圆球边缘滚过去，掤是让对方在自己圆球的正面弄起来，挤是大圆圈中间有个直径穿过去。说这个缘起就是让一下。我这个圆球可以很小，缝隙几乎没有了，即使只有一张纸的厚度，但是我不会让它瘪了，它再小也是满的，其大无外也是满的，其小无内也是满的。只有人和人对战的时候，才能想到一些东西，才能讲做出的一些东西，平常做不出来的时候就想不到说这些东西。身体一举一动，不管大小，都是饱满的，所谓的浑圆力都是饱满的，它既是满的，又是空的，就是不能僵了。

我们练的是身体的动作原理和原则，不是招法。为什么要练身体的动作原理呢？只有符合身体的生理结构，动作的原理和原则，用的时候才能在本能之用中体现出来，否则你用意识强加的动作，在用的时候不在平常那个意识状态，用在平常没法经历的一种精神状态，那个状态是自然本能状态，我们练的是这个自然本能状态，然后我们再完善它，升华它，超越它。

八、托宝贝桩与技击桩的不同

宝贝桩和技击桩有什么不同？技击桩也叫矛盾桩，它没有一个突出的特点，它对全身的要求很高，就是矛盾均衡；托宝贝桩有方向，它让身体有弹性感受以后，手臂上下、前后、左右的一个状态，特别是前后的状态很明显，又不夺身体。矛盾桩就不一样了，它哪儿都不明显，哪儿都是。矛盾桩追求整体浑圆、与天地融为一体的境界，托宝桩的练习更容易使桩的感受应用到推手、崩拳之中。

附：答疑、点评

弟子：师父提拉体会的是中的运动吗？提的时候中出去，拉的时候中回来，形没变，内在有中的运动？

师父：提拉都是以中运手，中在身上，把手飘出去，手臂要虚，腿脚要虚，身在运手臂和腿脚。手臂要虚，虚而不虚，就是不能没有觉知力，出去以后虽然慢、虽然虚，但是它与空气的感觉要有，肩胯要完全松开，手臂完全不用力，腿脚完全不用力，手臂和腿脚的提拉不是手臂和腿脚在动，是身在运手臂和腿脚，要做得夸张一点儿就是，身要大，神采要大，手臂随着大运用出去。这是第一步。慢慢地突然发现，这个中不在身上，也不在手臂，做这个事情，手臂和腿脚照样在虚的状态下运，这是我们现阶段练的。空手练是这样。接触人以后，和对方接触的一瞬间，接触点就变成两个人的中间了，那是另外的变化，以后再说。

第七讲　用身体印证原理

一、复习与深化：提拉、双扑

手和腿尽量同时起落。身体的中在身上，四肢是空的。如果手臂直一点儿，也是一样的。有人练得很认真，手上有想法，这就不对了。手脚是身体运起来的。手上越空，身运手越自如。过去打仗的时候，骑兵带着刀，讲究“轻刀快马”，如果刀重，运它就费力。所以要求身体运手的时候，手对身体一点负担都没有，它出去的力量就足够大。如果手上有，那就是手臂的力量在打这个东西，而不是身体运出去的。你看身体运出去的，这个多厉害。

胯拿住以后，身体换一条腿做也一样，用胯把身体上下分开。胯掖住了，身体要长起来，但是没有起来，在要起不起的状态下移过去，胯要掖住，这个很重要。

虽然撑着，但是手是虚的。

二、炮拳的练法（实中的练法）

炮拳的练法分三步。第一步，用身体中枢抱一个间架，用肩胯、用中枢把手给运出去。腿不能蹬直了。打击目标是一个点。如果前方设一个点的话，找一个对着中线合适的地方，前后运动，用胸口呼应外面这个点，用胸口感知，然后把手运出去。第一步是肩胯运手。

第二步要理解手是空的。形意拳也有这种练法，这是最根本的练法，它是以“实中”运环的练法。手出去不是直着出去，好像挠一下，挠出去，但是它没有任何想法。如果是直着出去，手上就有想法，有想法就是断了、死了。手上没有想法，没有起动，两个手是配合肩胯做。

有了第二步，立即就要进入第三步，就是意识要远，要把手忘掉，看着前边做这个动作，等于没有手，不能认真做这个手，如果手上有东西就做死了，就不能用了。

一个炮拳就把形意拳的诚中（也叫实中）讲清楚了。这个特别重要。前面说手说的比较多，现在说肩胯。要借助腿的势，不是蹬腿，是身体把腿舒展，身体把手舒展，它是展而不展，形曲意直，形曲劲直，将展未展，它没有绝对，是这种直的状态。用身把腿运好，把手运好。古人说“有上有下”，有上有下是同时的，是身体运上下，运的时候，身是主宰，手来回都是和身错位的，我要是打一个人，打这一下，对方接不接没关系，我手搁在这儿就把身体带起来了，带起来了就怎么都可以。最重要的就是意识在这件事情以外，这是大成拳。为什么拳术容易失传呢？大家都容易落在形上，这就不对了，它是没有形，但是中枢得动，中枢不动就不能和外边相应，中枢运四肢，意不在四肢，在外边，让没有想法的四肢和对方连接，让对方成为你的一部分，你可以断开了打他，也可以接住以后打，所谓搭手打人，都可以。

炮拳是周身以肩胯运手脚，手脚所有的想法是以身运出来的，手脚自己没有想法，意要远。

三、崩拳的练法（虚中的练法）

我们为什么要练卷、裹、提、拉呢？第一步，在身上以身运手，这就为炮拳打好了基础。第二步，手起来以后，一接身上就空了，这个接触点就直接把对方用空。崩拳打出去以后，就是手，身上都没有了，一个手就无穷大，带着无形的身体来回跑，这是身上是空的、是虚的。这是“虚中”的练法。为什么崩拳要追？古人说“崩拳跟箭一样”，身把手用出去，过去形意拳说“起，随，追”，前边是开始，中间随着，后边追着。跟炮拳不一样。炮拳前面是虚的，后边运它，让它做功。崩拳是直接拳在做功。怎么练呢？简单的练法，可以旋个势，把这里悬空，让对方落在空的地方，手不是轻轻的，是一点儿不用劲，一用劲就不行。

四、从有形到无形

会练不会练没关系，就把练的这些东西全都归到一起了，就没有这些东西了。但是你不练这些东西就没有形式能表达这个原理，有些人认为没有抓的地方；有些人他知道任何抓的地方都不能要，但是他知道理了不一定能入进去；有些人说，这个不是大成拳，这个有形，有动作，大成拳是无形的，但是大成拳也包含有形，只有这样才能入无形。

炮拳，也可以移动，移动也是身体在移动，脚配合身，手配合身。不能练成手上有东西，手一死，脚也就死了。崩拳起来，脚是配合手，而不是打成套路，把自己打死了。

五、复习与深化：卷、裹、提拉，用身体印证原理

你会突然发现，卷的原理好像炮拳，因为手上没有

想法，身上松着落，就好像袖子脱落了；落的时候身上没有想法，手落下就像一个巨大的东西砸下来，很重，这似乎像崩拳？

过去我们练的卷裹、提拉，一起一落，像不像是轻着出去，重着回来，回来的时候只是手上重，身上不能重，身上可以配合手落，但不是用身上。出去的虚和回来的实是一个整体，只是显现不同。这个整体只是这样虚实任运，运的结果是它能变化，它能连续，它能成为一个东西，连绵不断。我们说的第一个要领是“连”。如果你出去是硬的，回来是硬的，一下就死了。我手出去是空的，等于手是没工作的状态，是身在工作；手回来的时候是手在工作，身没工作，它是阴阳相济的工作方式。意思慢慢地体认。动作放开了，怎么都可以，但是原理一定是这个。不能一放开像有些人练健舞的动作，疯狂地用力、面目狰狞，那些都不是。我们要练这个理，用身体印证这个理，把它做对。

六、学习的方法——为学日益，为道日损

古人说动作，包括健舞的动作，要“自适其性”。我们学的时候，就和写字一样，我们只能学笔法，不能学那个神采，可以看那个神采，相应那个东西，那个东西学不来的，每个人的心地是不一样的。所以我们第一是要练对，第二是提高自己的修养，修养到哪儿了，舞蹈就到哪儿了，拳术的境界就到哪儿了。这就是所谓的“无为”，也是所谓的“为学日益，为道日损”。为学日益，益什么呢？就是越来越接近于良知，为道日损，损什么呢？损妄念和欲望。益和损慢慢地就变成一个了，在道体上说这两个是一样的；如果从世俗来说，学很多知识，和这个还是不一样。我们练大成拳不能从世俗的角度来看这些事情。

第八讲　大成拳的显现

一、小道易显，大道难行

有一年我在长春，H的一个朋友带来一个所谓的人物，他很虔诚地向我问了很多问题，我很用心地告诉他。他问各种原理、道理和一些知识，我告诉他的时候他很兴奋，但是他始终在期待，我不知道他在期待什么，后来快结束的时候我说“行了，那就这样吧”，他说“好好，你说了半天，那现在给我们发一下功吧”，原来他期待的就是让我给他们发一下功，让他们更有智慧，身体更健康。我当时心里就很难受。有些人他能练到手上有功夫，他能显现一些东西，比如热量或者各种能量、各种奇异的现象，他就容易让人感觉到他怎么样。我们的拳术要求是整体均匀。均匀就是让身体每个部位都有活性，都有生机，都有觉知能力，这是我们的功夫，但是它又不显；你说不显，其实它又很显，它显什么呢？拳王阿里和泰森的老师托马打拳的那种感受，阿里是能笼罩，统领全局，是精神拳，但他还是被托马打中了，托马显示出他那种准，就是泰森的那种腰胯，那种变化，又显示出那种很凶、很真实、很实用的东西。如果是比赛的话，阿里的精神虽然完全出来了但是不够，但他还是对的。托马很认真，托马要是有阿里那种气象，那就是另外一番情景了。泰森现在的拳比他年轻的时候更好，拳击运动，他虽然现在感受很好，但是在比赛中他的体能不能支撑他这个好。

二、复习与深化：身手用力的感受

用炮拳的时候，是周身以肩胯运手脚，肩胯用手臂的时候，意识在手臂之外，身、手、意的虚实关系要弄清楚——身是有，手是虚，真正的有在外边，是这个意。

崩拳，腿是起动，手上要有，就像泰森的老师托马一样，手上要有；阿里是不在手上，但是他在一个整体的有的范围之内。

三、圈锤

圈锤，这是综合了空手和实手的练法，用身体把手给变实，手过中线，然后往回走。他是通过这个动作练一种原理，不能把这个动作练成招法。懂得这个原理了，动作这样做也是，那样做也是，都是了。这三种（炮拳、崩拳、圈锤）基本就把身手关系的原理搞清楚了。

动作起来，哪个手起来哪个脚是虚的，这个特别重要，只有手发力的时候，脚才能实了。手起来的时候，手脚是一体的，手一起来，脚就虚了，不管前进、左右、后退，都是这样。如果手起的时候，脚是实的，就死到这儿了。“手脚合，无处不合”，手脚不合，其他的合都没有用。六合以手与脚合为最重要。大家感受一下。

有些人练太极拳的时候，脚就死在这儿了。一定要让腿的弹力别影响手，脚和地不能顶，手和脚不能顶。脚轻轻地落，手就起来了，手上没有，这只手没有的时候，另一只手就起来了，要体会这个。所以它不是拿起来一个动作，如果拿起来一个动作就落在相上了。普通人追求相要对，他不知道这个原理，我们用的是这个势，而不是用这个相。这个相没有用，有这个相就会为人所制。

平常练的时候，很多人就跟做事一样，说话、做事、练拳，他都到不了核心，都差那么一点儿，都不准确，要不就入不进去。有人问，"'恨天无把，恨地无环'，是不是得琢磨让把和环连接上？"实际上不是这样，它不能具象，但也不是抽象，它是一种模糊状态，它不是遵循逻辑思维，但也不是具象思维，我们要离开"有形有相的形"，进入意的状态，我们还有把"无形无相的形"也要超越，也要不沾染，才是本真状态。这个有点儿拗口，慢慢来。只有超越了具象和抽象，真正的觉知力才不会受这种"有形的相"和"无形的相"的影响，它的用是以"应"为用，练的是有感应能力，而不是落到感应到某个相上，然后用的时候是对相的刺激而产生的作用，所以始终要在一个没起用的状态里边培养壮大它。我们练的是这些东西，是一层一层地超越，超越这个有用和没用，所以要明白这个理，明白这个法。法和理在势里边显现出来，要按照这种势来运用法和理，法和理要为势服务。

圈锤，要中线先过，有些人的拳打得看着很有力量，但是没有领着拳。回来的时候中和手也要有关系。什么关系呢？你会突然发现，手虚了，身就满了；手实了，身就虚了，它是虚实、中环、有无等互相变化的，这些原理、道理都要清晰，慢慢地要用出来。那就要用各种练习的手段来增强原理的应用，而不是落到练习的手段里去。

再复习一下圈锤。有人问，手过来以后是落下来，还是停？这些都不重要，重要的是身很大，带着手过去，步法得对，原理很重要，这些细节为什么不重要呢？因为在实践实战中，你的手就自然不敢随意乱放了。

把圈锤练活了。虽然脚没有离地，但是脚虚了。有时候弓步打一拳，如果脚实蹬着地，拳就在有形的范围之内，等于身体被各种阻力牵拉，把你拉在一个完整的身体里就出不来了。如果健身、健肌肉，那是很好的方法；如果追求道理，练断手，这是错误的方法，这完全不一样。这就是为什么古人说，体系完整了，才能教人，如果你只知道一点就教人，那就不行。这个道理大家都应该知道。如果打人是虚腿的话，后边就没有力量把手一层一层地阻断，手的力量才能出去。所以马步冲拳也得把拳打虚，腿即使支撑，也得让它虚起来，精神大起来，而不能做成动作。

四、复习与深化：炮拳

两个手打一个点。当两个拳头打一个点的时候，肩胯就能调整拳头。如果乱打，肩胯就无的放矢，就不对了。打一个点的时候，对肩胯就有要求了，就能规范运动的轨迹和方向。

打炮拳的时候要含胸拔背。含胸是什么意思呢？就是涵容万物，胸要大，里边要空，打炮拳的时候要把精神打起来，不能打成贼头贼脑，要含胸，涵养这种天机，涵养这种容万物的属性；拔背呢？就是精神，身体的阳面，无穷的大。我们站恢复桩的时候，眼睛看前面，耳朵听后面；打炮拳的时候，背要把后边的虚空用出来，领着后边的虚空一起做这个事情。

初级阶段是身躯用手臂到虚空，慢慢练一练就是含胸，涵养越来越大，后边的虚空也为我所用，就代替了有形的身躯，有形的身躯也变空了，当身手不停地虚实、有无变化，这些都体验过了以后，一听就明白了。

五、复习与深化：崩拳——练习的方法：清晰手段和目的——大成拳的技术是浑圆的、无相的

有人从上面栽下去，有人从底下打上去。古人对

崩拳有两种说法：打后崩拳的时候，有个旋涡，“崩拳如兜篮”，好像有个篮子挎在手臂上，一下就把篮子给打起来了；还有一种说法不一样——形意拳传到河北、山西、天津、北京等很多地方，传习的过程中，不只是武术家，还有很多文人参与了，它变化了——其中有一种“崩拳连珠”，跟射箭一样。这是新形成的两种最典型的练法。不管这些练法多么好，都是讲这个原理，学会了以后，身上懂了，就要把它们都放掉。大成拳的技术是浑圆的，是无相的，我们练的动作是圆上的一个点，通过这个点了解这种原理，当你把这一点去掉以后，就通透了，原理会了，任何一点都能显现，这是练的方法，这是手段和目的，否则就落到技术和招法里去了。为什么要破招法？本来它是一个整体，招法只是一个点，练招法就落在点上了，如果合上了，招法能用，如果合不上呢？为什么说死招？就是这个意思。

六、炮拳、崩拳、圈锤的虚实变化

炮拳，手是虚的，身用手，意在身外；崩拳，手是实的，意也在身外，身是虚的；圈锤，身上是实的，把虚手也打实，身上的实还不能丢；最终无所谓虚实内外。

附、含胸拔背的内涵

弟子：师父，这个炮拳的含胸拔背，胸含而大，用虚，背拔而大，用实？这就是用虚空的原理吗？

师父：含胸拔背，涵容万物，觉知一切，我们说身体整体，整体最大的标志是均匀，均匀的时候就有整体的生机，才能感触身外，感触觉知一切。相对含胸而言，拔背就是古人说的“通天彻地，力合宇宙、意合虚空”的功夫。含胸、拔背这两个就是虚实浑圆。

大成拳是个很麻烦的拳，当身体以外的虚空建立起来的时候，这个虚空反而成实的了，这个胸和背的虚实整体相对于背后变实的虚空而言又变成虚了。前面讲过身体是虚的整体，就像太极一样，太极含着阴阳，只不过有时候前边显的是阳，后边显的是阴；有时候前边显的是阴，后边显的是阳，但它整体是个太极，只不过显现不同，不是两个东西。这样一来，这个整体和虚空又成一个大的整体。打炮拳的时候，身体跟虚空相比就像打炮拳的身手关系一样——打炮拳的时候身手关系是：身是实的，手是虚的——那这样一来就是含胸拔背整体是虚的，背后的虚空是实的，这样变成一个大的整体——即身体的虚和虚空的实成为一个整体。

如果是打崩拳呢，身体和背后的虚空就发生变化了，整个身体变成实的，背后的大地虚空虚着涵养着身体的触觉。圈锤是让这有形的身体同时显现虚实的变化，本来手的触觉是虚的，但是快到落点的时候就把它贯通了、贯实了，贯实了以后身体的实还不能失去，所以难度就增加了一点儿。

这里就有个时机问题，就是虚实转换的时间点很重要，自己练的时候是过中线变实了，用的时候是接触对方以后才能变实，否则的话，提早变实就会为对方所乘。老先生说，立一法，求的是理，理通了以后，这一法就跟万法通了，就是无法之法，是名万法。我们要尽快地进入到无法之法。

要想身体均整、均匀，胸必须要松开，只有胸松开了，全身才能均匀。胸很不容易松，手往起一拿，胸就紧了，有些人觉察力差，胸很紧他都不知道；有些人稍有觉察力，他只能觉察那种比较粗的紧，细微的紧他也感觉不到。太极拳讲“胸腰太极”，就是“牵动四两拨千斤”，胸上紧就是四两，就会为对方所乘。

打崩拳或者什么拳，一抬手，相应的脚就要虚。有一次我们几个人一起去拜访形意拳师父，他那个徒弟的崩拳打的不错，他蹬腿的时候，前腿不能变成后腿的障碍，所以要抬起来。不管什么理由，他的这个做法是对的，这个已经很不容易了。但是如果胸一紧，即便腿和手是对的，也是双重。这是最基础的一个双重，是自身不能通透的一个状态，就是拳脚在忙活的时候，胸是紧的，这就是己身不能俱备。

第九讲　形与意的习练原则与方法

一、练形求意的方法——站桩的实质

大成拳是以形意拳为基础演化、生发而来的，形意拳练习的原则，第一步叫“练形求意”“以形取意”，以形取意是基础功夫，以形取意的方法就是站桩。前人曾方便说，站桩是蓄力的功夫；试力是用力的功夫。其实以形取意，用桩练的是平衡结构下的蓄发之势与动静之机。大自然的变化和拳的运用就是蓄发的能力与变化。在蓄发的过程当中，所谓的筋骨、气血、神气都参与了蓄发的整体的过程并得到了修炼。有些人不清晰这个原理的，说站桩是练筋骨的；有些人说站桩是练神意的。站桩既不是练筋骨，也不是练神意，但是它能练到筋骨，也能练到神意，它其实是练平衡的、稳健的蓄发之势——包括静态的势和动态的势。平衡能力的强弱，决定于桩的式与势，桩也就没有固定不变的形式，根据你的心气、体能，可随时调整在一个合适的结构里用功。

二、以意象形的练法——培养试力的过程

上面讲了第一步是“以形取意”，那么第二步是“以意象形”。试力是练什么呢？要想练试力，那意和形必须是能通透，但是练的时候，如果不懂得这个根本原理，或者没有这个方法，他的意和形没法通透，怎么练都通透不了，他都是在形上练，要不就练假了，练成假意了，身体没有功能，这都是不会练。那我们通过有为的卷、提、崩拳、炮拳，有为的练习，慢慢地就明白了，身体和意是这么回事，但是这都是所谓的在识境里边的练法，都是有意分别的练法，终归不是从本原发出的练法，但是没有这种练法，也就达不到由本原发出的练法。

三、形随意转的练法

第三步是“形随意转”，就是有意就有形了，这就达到了真正的意拳，意是统领，有意，这个形就要随这个意。前面是培养这个功夫，现在不一样了。那真正的试力就是“大成拳是只进不退的拳”。“只进不退”是什么概念呢？太极拳有一句话叫“我顺人背”。“只进不退”也是始终在“我顺人背”的状态。怎样才能做到呢？就是接触的时候，有意识点，接触着对方，跟对方就断不了了。我们一直说“不断”，是接触以后的不断。推手是人和人接触以后的练法。现在练的都是没跟人接触的，我们讲意识点（假设的接触点），接触上以后就不能断了。去的时候容易做到不断，往回的时候怎么办呢？往回也是不能断，接触以后用身体的旋转、高低的变化，让接触点不离开，身上到处都是松开的，就让接触点不能离开。把对方放到这接触点上，控制着他往回走，往回走的时候一定要比对方速度慢才能控制——如果对方慢慢地过来，你速度快就断了。对方有力量来了，控制着这个力量，这是在手上说这个事情。如果我更稳健地接触着对方，我身体跟接触点发生变化——左右、前后的变化，就控制着蓄上力了。如果这个接触点相对位置不动的话，我无论怎么变化，势还是往前走，从头到尾就是一个动作，就是往前走，虽然位置没有往前走，甚至往后走了，比如推对方，推不同了，身体在变化，回来的时候，主要是用身体的变化维持这个点的势，因为很重的力量过来了，我往后了，身体让，但是力量的方向还是往前的，只是力量是擎着对方往后走。这就是“形随意转”。

试力只是手动是不对的。王芗斋先生说，“一指之动都是全身之动”，全身之动是维护这个一指之动的势的准确性，维护这个势的协调和平衡性——如果我用这边的力量，我全身都要这样调过来；如果用那边的力量，我全身都要那样调过来，这是全身之动。所以都是身动，用来维持控制打击的势不变。

知道这个形式以后，现在把炮拳、崩拳、圈锤这三个试力的原则要融化到真正的无形的、无意的试力当中。自己的形，随着外意在变化，我们叫“形随意转”，这是试力的功夫。

其实拳论把原则、训练方法和应用的原理都讲得很清楚，只不过拳论需要“翻译”，我给大家翻译一下。那么站桩就是“以形取意”，站出意的蓄发之势；试力就是“形随意转”，自己所有的形都是外意的感知，就把前边三个试力方法（炮拳、崩拳、圈锤）贯通了，也许是炮拳，也许是崩拳，也许就变成圈锤了，它不拘形式，它就是蓄发之势的活用，用的是神气、意的势，只不过是要落在这个形体上，这个形是随着外意在运用，不是自己的想法。无形的试力，只有这样才没有障碍，到时候练推手的时候，自己是用意，用什么意呢？就是“意自形生”，对方什么形，你就是什么意，这又合上了“有人似无人”“无人似有人”，没有人的时候，你的意要合外边那个没有的形；真正有了形，用的意应这个有形，这就是“以形取意，以意象形，形随意转，意自形生”。

形随意转，这个无定形的形，随着外边假设的意在变化，这是真正的试力。以形取意，练桩；以意象形，是培养试力的过程；形随意转是无形无相的试力的状态。

四、为什么说试力回来的时候没有身体

为什么试力回来的时候没有身体呢？如果有身体，身体就是主宰，很多人他就会以身体运手，没有身体，用神意，就回来了，用手接着，我控制着，置身事外控制着做这个事情，而不是对抗着，把对方拉回来再送出去，不是这样蓄力。蓄力是，我把意自形生的意放在接触点上，全体长大，然后再发出去。慢慢地，即使回来，也不是身体让它回来，也是没有身体，去的时候，才有身体，去的时候把身体融到无形的虚空，把无形的虚空

要看实，它是你的依靠，用虚空连身体带手一起送，回来的时候，身没有，手跟外面接着，把身上和后边都看成没有。

第十讲　单推手训练的基础

一、单推手的训练原则与方法

推手有两种：一种是单手的；另一种是双手的。双手的既简单，又特别难。双手必须要有单手的基础，因为双手推手的时候，很容易手和身体就成为僵硬的状态，就死了，断不开了。所以我们先练单手，把身手断开。

钩挫试力

“钩挫试力”主要是练单推手路线通道的感知力，也是离不开躯干与腿、手臂之间的关系。

手臂搭在对方手臂上边叫“搭手”；如果手臂有往回的意思就叫“接手”。“搭”和“接”不是绝对的，因为人的性情和功夫的程度以及遇到的对手不同，它是变化的。它的路线是守中用中的路线。手循着中线从前往回，回到中线近端，以肩膀为轴分开，再合出去，再回来，回来以后分开，再出去，是这个路线。

如果对方很强势，那就是搭着我，我是接着，他从中线出来，我由肩膀分开，分开以后，出去再合过去。这个动作不能顶死，就是弹性的状态里，让所有的关节处于不能死的状态。有的人练推手是硬来。用力也没问题，但是不要硬来，用力或不用力都是在弹性的状态里。中要放大，是一种饱满的状态。

形随意转，意自形生

单推手是用躯干运用腿脚和手臂，运用的时候主要是肩胯，肩胯象轮轴一样是活的。这个形式很简单，一说就会，但用起来较难，难到什么程度呢？两个人一搭手，就互相把这些全忘了，互相回到自己的习惯里用力。我们要通过单推手练习、观照这个习惯，而不是练所谓的功夫。站桩、走摩擦步、包括推手等，都是在练习、运用这些功夫。这功夫不是说把身体怎么样，是要把局部用力的习惯改过来。习惯跟认知有关。推手的时候要用什么呢？要用意力，不要用肌肉的力。但是意和形不能截然割裂开。试力的时候“形随意转”，这个形不只是形，形里边含有意的属性；推手的时候“意自形生”，这个意是要通过有形的骨肉来体现这个意，但是这个形已经不是原来那个形了，因为这个形含有意的属性了。只有形有意的属性，意有形的属性的时候，形和意才能慢慢地一如不二。

形随意转，意自形生，我这个意是根据对方的形所生出来的，但是我这个意要靠骨肉来体现，这时候骨肉的形就不是原来骨肉的形了。这个形里有意的属性了，这个时候才能谈得上“用意不用力”，但是意和力是不二状态。意通过形很明确的时候，遇到阻力就不会硬来了，还是用意，这就是自如地、通透的状态。推手的时候是这样，一个人练的时候也是这样，那“形随意转，意自形生”和“无人似有人，有人似无人”慢慢就统一了。

由推手到断手，到通透

先跟熟悉的人慢慢地练，然后慢慢地跟不熟悉的人练，慢慢地跟有功夫的人练，慢慢地跟有敌意的人这样练，心的承受能力、适应能力慢慢地就开了。先慢慢地接触着练，也就是推手，推一推，意识很强的时候，就可以断开了（断手）。通过这个功夫的修炼，能够有预见性，跟人没搭手的时候就有一种感知能力，知道怎么回事；在生活当中见一个人走过来，也能感知到；两个人会面的时候也能感知到，能广泛地适应。

二、推手如何找应用的点

推手跟对方找应用的点怎么找呢？练单推手的时候，虽然是推一个手，但是需要两个手做，整体是第一位的。整体怎么体验呢？体验均匀。在守中用中的整体，要均匀。跟对方推的时候，就找对方整体不整体、对方均匀不均匀。不均匀就是破绽；不整体就是漏洞。还要找什么呢？找守中用中。如果对方不守中用中，就是散乱的。要“形不破体，力不出尖”，是什么意思呢？“形不破体”是指形不破意体，这个形别把意的属性给破了；“力不出尖”——有形的骨肉别把意力给破了，说的都是一个意思。“神不外溢”，推手的时候，要含着整体，始终在“引而不发”的状态，一旦遇到机会就能发出去。如果散乱地过去，遇到机会也无法用。

三、推手劲力断续的破绽

我给大家讲推手的时候劲力断续的破绽。过去老先生们说，推手不能一股子一股子劲。这样出去是一股子劲，回来没有听着对方的劲回来。应该从头到尾是一个劲，中间没有紧一下、松一下、断一下、猛一下、没有一股子一股子……如果对方猛过来，就用那个猛，因为他断了。把它放大，放到什么程度呢？放到不接手，对方想打你一拳的时候，对方拳头还没出来，你瞬间意和势已经过去了，因为你有预见性，你知道要发生什么。这是对方一股子劲过来，就用他这一股子劲。还有一种情况，对方回去的时候不管我了，那就用这个不管。一股子一股子劲有好几个破绽：第一，不整体；第二，不均匀，也就断开了。

四、推手乃全身之法

一些人推手的时候，他另一个手臂耷拉着，推手不是推这个手，是全身之法，这个手放的一瞬间，手是阵地，全身围绕这个阵地，而不是盯在手上。

有些人练拳，把力量放在手上的时候，肩没有断开，被人一拍就出去了，如果肩断开了，就拍不动了。还有守中用中，你肩断开，但是中气中神不能丢，这叫守中用中。无论手怎么变化，中不能丢掉。这个整体从上到下都是一样的，有些人练过摔跤，缩下去抱腰，如果是不会推的，还在上面找，找不着了，就被人抱住了；会推的人上边和下边全是一样的，全身碰到哪儿都是一样的，就不会让对方有可乘之机，所以要守中用中。

有些人推的时候，这样一侧身，中丢了；侧身，中不能丢，手回来的时候是身让手分，手出去的时候是身让手合，从外形上看主要是前手做，后手是配合，但实际上是全身做。

五、自身生发出来的才是真的，人为的形式都是想当然

不要做成很认真那种，要做得跟不会一样。那种练的象很懂一样，其实是不懂。做的跟不会一样，就是你立足于会。别人说“这个跟假的一样”。什么跟假的一样？只有真的跟假的一样。什么跟真的一样？那肯定是假的。做得跟不会一样，这才是在状态里。要是做得跟很懂一样，那就是假的了。

我们现在讲的课与之前列的计划不一样了，有计划、有形式都是人为的、想当然的；我们现在讲课是一环扣一环，循序渐进地，越来越入微地往进走，这样大家才能真正地了解，真正地学到，要不然这计划就落到形式里边去了。

第十一讲　身心进入推手的状态

一、整体、均匀、连续、干净、饱满

单推手练什么呢？通过单推手把桩和试力对身体的整体、均匀的培养要用出来——整体、均匀、连续、干净、饱满，只有均匀的时候，你才能捕捉到对方的破绽。对方的破绽就是断续、不均匀，要不就是用力，要不就是没力。练用意不用力的拳法，很多人练不好的原因就是不会用意，不用力就没有力，一用力就变成僵硬，想要改变就要让意变成力，让意变成力的方法就是整体和均匀，我们练很多动作就是让身上不存力，不存力身上就是整体、就是均匀，肌肉若一就是均匀。如果存力，比如说推手的时候，有些人把力量放到肩膀上，把整体和均匀就破坏了，破坏了整体和均匀就容易和对方产生对抗。如果对方觉知相应的能力强，他就会用这个不均匀。

“拳无拳，意无意，无意之中是真意”。“无意”“真意”体现在哪儿呢？体现在均匀，让身体里边没有意、没有识。身体里边没有意、没有识的时候，身体里边就不会存力，也就是干净。这个时候以身体不存力印照心里不存事，“身上不存力，心里不存事”，这就是互相印照。在站桩的时候是这样，试力的时候是这样，推手的时候也是这样，和平推手的时候是这样，激烈推手的时候也是这样，换个环境也是这样，换个对象也是这样，让它通透，不管修行还是练拳，身上要所谓的干净，就是身上不存力，心上不杂染，心里无执着，才能让身心适合于推手这件事情。

二、推手容易犯的三个错误

（1）一股子劲过来，就把整体和均匀破坏了。这一股子劲出来的时候就用这一股子劲。如果回去的时候对方自己往回跑，他就断了，没有接着我的手，应该是接着往回手。

（2）上半身容易表现这种满，底下怎么办呢？要全体均匀，虽然这三个点（手的接触点和两个脚）跟外边有形的东西接触，你要把它们忽略不计，脚不在地上，手也不在对方，对方就没有办法了，你就像水里的葫芦一样，对方就找不着力点了，这是进退。

（3）推手还有一个容易犯的错误，往外掰。对方的目标是对着自己中线的，自己不往前去，往外掰。如果对方一掰我，就把自己的肩给压住了，练习时这样就不行，用的时候这样更不行，脱离了守中用中的原则。

三、指导弟子推手

有些推手，就是所谓的用腰，转腰，始终让，以腰为轴。我们是以肩为轴，身体是保持中正，不拧转，出去的时候是合，回来的时候是分，肩膀这里合，还要有蓄发之势，不能拧，否则对方一横人就倒了。回来的时候，头领着，脚扒着，前面膝顶着，后胯提着；出去的时候合过来。

有些人，他推手回来的时候把后腿屈了，出去的时候又蹬直了，很多人这样，这完全弄反了。回来的时候身体蓄高蓄大，出去的时候蓄着合着，始终一个蓄发之势。

四、练习钩挫试力

练钩挫试力，身上要满，手出去，这样满了一下，回来的时候这样满了一下。手上的感知力不能丢掉，不能出去以后不管，这个始终没完。

五、半握拳

一些人推手的时候有一个坏毛病，总是用手指着对方，要是用手指着对方，被人一掰手指就折了，有些人擒拿手法用的妙，要是指着他，他就容易撅你的手。所以要半握拳，但是不能握死了。

六、推手训练的次第

有些人把无形无意的拳不但练成有形有意而且是精神猥琐。

打拳的时候意在身外！身上要舒展，要笼罩，要没有身体，让身体的智慧自然生发，这样才能觉知相应。这样就是在另外一个维度里。做错了的原因就是认知很局限，都不知道有另外的世界，没出来就永远不知道，永远在自己的世界里追求完美，只不过是错误得更精细而已。

从低纬度要真正地提升特别难，因为要从自己认知的世界出来，那多难呀！有些人知道以后愿意出来，有些人可能根本都不愿意，这是更难了。还有更可怕的，你跟他说用虚、用空，他根本就不相信！

第十二讲 大成拳基本理路的完整框架

一、一层功夫一层理

我们学了站桩，学了试力，也学了摩擦步，把这些基础都学过了，现在学站桩、试力、摩擦步，就更接近于整体循环的环节，更接近于第一层基础功夫的实际应用。如果练大成拳不会断手，这个整体，这个浑圆就没有完成，就是整体的环节不容易清楚，所以要尽快从推手到断手。断手必须有推手的基础，推手必须是为了断手。推手和断手是这种关系。

二、推手的要领

推手的要领是神气过人，守中用中，就是要控制，来回不断，来回不住，要控制对方、运用对方，不丢不顶。拿什么控制呢？拿身体的接触点。这里最重要的问题是：拿接触点控制，精神、意识不在接触点上，精神要大。

推手的时候，或者接触的时候，接触的感觉很容易就把精神给代替了、占用了、夺掉了，所以我们的功夫就要从这接触点上把精神给提出来，提到什么程度呢？提到没有这个身体，全成精神了，所以断手的时候就是精神的接触、精神的粘黏连随、精神的不断不住，那就要把精神无限地放大。“精神放大、精神放大！”，都成口头禅了，但是大家都听不明白。

注重粘黏连随的人、注重小我的人，就落在推手里了。这明显是很严重的错误。注重精神放大的人身体的粘黏连随丢了。在身体的粘黏连随存在的情况下，精神抽离出来，这两个都得有，这是难点所在。

为什么很多练拳的人一注重粘黏连随的时候就把精神忘了？为什么有些拳注重精神的时候身体没有智慧？中国拳术是一个整体运用，这个整体——精神与骨肉，也就是意和形都得有。断手和推手也是整体的。这样就更加清晰了。这是身心完备的基础——有形和无形、骨肉和精神都得具备。

三、为什么站桩

为什么还要站桩呢？这是因为断手要升华。真正的断手是什么呢？精神怎么用呢？我们说精神、意（力）含宇宙，有点儿抽象，就是意在虚空间，只是虚大是没有用的，要体验站桩和试力的功夫——站桩的时候能不能把自己虚化？能不能让自己的每一个细胞都是一个独立的整体？能不能让自己有形的身体细分、细分、再细分？普通人的身体是有形的手脚、有形的身躯这些组成的，他那个手可能就是一个手；你那个手通过站桩以后——手指里边的所谓细分，一生二，二生三，三生万物，你那个万物可能远远地多于普通人，属于很多很多东西组成的，它越来越细，细得分解到虚的状态——这是自身的精细。断手和推手为什么一摸着对方，对方就挡不住了，顶不住了？断手也一样，你一打，对方就被打散了，要不就被打碎了，为什么呢？就是你身体已经成为“纳米技术”了，对方还是一个有形看得见的，所以你入他，他是没法抗拒的。这是站桩对身体的修炼。这种能力的浓度、密度越来越大，由实体变成虚意，意越来越大，这个时候，王先生说，“己身已具备，反向身外求”，身外求什么呢？就是站桩的时候，身体静止当中有酝酿的动，这个动，要在外在的虚空当中找到跟你的频率一样的动，通过这个同频与外在就成为一个整体。用的时候，就能用周围的虚空跟你成为一体的动，古人说叫“知拍”，知那个节拍，现在人说是“同频共振”，就是这个意思。你要找到那个，跟那个变成一个，这是第一个难点。就是你动的时候，身上是动犹不动。动的时候感觉没动，它不是一个有形的显现，拳论说“静似海溢”，静中那个动看不见；“动若山飞”，山飞是整体的位移，它自身没有动。所以我们在动的时候，不动要跟虚空当中找到的虚空的不动合拍，动犹不动，成为一体，这是第二个难点。大成拳要天地浑圆，天地人我整体。

拳论讲："欲尽拳功妙用，应先致力于桩法，凡百运动皆基于此，此论实不我欺，古人躬行实践循此滋味，唯一法门，学者宜致力也。""观乎拳之功用之神者，无不由此一站生出也，舍此恐无真实下手处。"站桩是静中生动的功夫，即所谓不动之动，生生不已之动，体会每个细胞动荡的神气与虚空的动相合。试力只是体认宇宙人我浑圆一体的显现，即动犹不动。

四、入手方法

知道这个理了，怎么练呢？拳论说"风中旗，浪中鱼"，风中的旗随着风，浪里的鱼随着浪，这是动的时候要随你看不见的那种势，外在虚空的那种动势，要看清感知它。这还是道理，功夫怎么用呢？古人说"一枝动百枝摇"。为什么王芗斋先生、八卦掌的董海川先师用树来说明？树的主干不动——静到一定程度，慢慢地能感觉到和树叶相应，感觉到树叶跟你在同频，慢慢地，通过外在的，通过自身的功夫，拿外在的感知去练。这是入手方法，也是比较难的。这个很重要，也很容易练错。

试力时意念中把树拉过来，再把树送出去；有些人是拉船——这已经很好了，能练出功夫，但是练成了主观、自我的功夫。如果能相应到船和树，就会把自己舍掉，无我，就跟外边同频了，即所谓的良知良能的功夫，无为而无不为的功夫。但是这个主观自我的功夫不容易舍掉，因为很容易练出功夫，更容易形成新的东西，那就不容易再舍掉了。我们从一开始就要在无我的状态下练，要跟外边的宇宙天地虚空的动要相应。

五、反向身外求

第一步功夫，站桩的时候完善自身；第二步功夫，

"己身已具备，反向身外求"——拿外边练，同频共振，知拍，合拍。俞大猷《剑经》有一句话"刚在他力前，柔乘他力后，彼忙我静待，知拍任君斗。"虽然道理对了，但是很粗浅，他是战阵对敌，进入一个状态的时候，这个拍就能合上了。普通人懒散的时候就合不上了，他不灵敏。必须在战阵当中高度地精神调动，才能做这个事情，才能对。就像有些人学东西，他基本功很差，学的也不好，但是比赛一用，他可以了，就是平常精神调动不起来。我们入手开始练就要练细微，练从心的安静、身体的动静中练这个有无，精神放大，把这个空有融到动静里容易显现，使刚柔一如。我们练大成拳我们把空和有都要看得见——这为什么是禅拳呢？为什么是神拳呢？它就是这样。

六、发力的问题

我们说推手和断手是一个整体的两个阶段、两种显现，它又不能截然地分成两个阶段，先师说“推即是断，断即是推”，推断一如，推断不二，后来又说“摘开了打人”，又说“搭着手打人”，都是想说明它是一个东西、整体的原理。我们练习站桩、试力（试力包括步法）、推手、断手，这四个是一个循环，是一个基本层面的完整功夫。

但是断手用什么劲道呢？这里有一个最重要的——“拳术最关键的是发力”，有些人入手就从发力入，有些人一生在追求发力——发力和拳术的整体是两种东西，就像你发射卫星需要一个火箭，你打人发力需要综合的一些素养来配合这个能力，你会发力，但你能不能打人呢？所以它是一系列东西，是一个整体，但有些人就会落到局部里边，这就是不清晰。那么练这个拳，要先把循环、完整的理路清晰了。

有些人自身很聪明，但是做事、说话都入不到事情本身、入不到对方核心里边去，虽然对方说什么他都能应对，但他什么事也做不了；有些人他就清晰，他没有聪明不聪明，他能进入事情的本然里去。打拳也是一样，你要进入这个事情的本然里去，而不是自己跟这个事情没有关系的状态下的聪明。发力就接近这种情况。能把这个聪明用到事情里，那就行了。

七、感知细化的练习方法——“提弓捉狐”“风扫落叶”“怒虎搜山”等

那现在我们知道了推手和断手，知道了精神运用的时候，那我们用什么样的形式运用跟天地相合的力呢？王芗斋先生说“静似海溢，动若山飞”，这就慢慢地让身体有韵动，有感知了，这是基础。这种感知要怎么细化呢？细化他有动作（练习方法）：“提弓捉狐”。让身体在一个很细微、轻微的状态下，这个状态干什么用呢？就像你很专心地干事情的时候，别人碰你一下，你就会受惊了一样，“惊力”就出来了。惊力是传统武术家认为最

高明的力，这是入门的第一步。只有惊力才是无意识的力，很多人平常专门练的发各种力都是有意识的，他想从有意识进入无意识。王芗斋先生的练法是很专注外面的一个目标，他没有形式，就是很专注，找同频、共振、感知，但是身体得用站桩那种站的均匀的状态做。均整也是第一位，均整就是无为自然。无为自然，你做到了，对方就打不了你了。

还有一个是“风扫落叶”。“提弓捉狐”是轻微，“风扫落叶”是把轻微的势要做大。如拳论所说“打人如走路，看人如败草”，你走过去就把这些全趟平了，全没有了，这个很重要。

王芗斋先生“十二势”里边还有“怒虎搜山”。老虎发怒了在山里边巡游，更是无我无敌的状态。这种形式以后要练的时候慢慢就会了，先跟虚空接上，我们推手的时候跟人接上，练的时候跟虚空接上，然后慢慢地在虚空安一个人，就好多了。

八、发声——“龙吟”“虎啸”“狮子吼”“阎王捉鬼”

那发力跟断手合上了，断手的原理原则，推手的原理原则都有了，等于这个轨道有了，我们有加速，有能源了，但是还不圆满，还有一个功夫叫“发声”。试声最典型的四个练习方法：龙吟、虎啸、狮子吼——狮子吼复杂，佛法修行里边大圆满修行法称狮子吼，还有“阎王捉鬼”，是发声和观想。

第二部分

大成拳的用与练

第十三讲　体认空性

一、练拳与生活

桩与生活

今天很重要的内容就是站桩的次第和要求发生变化了，跟以前不一样了——不只是技术不一样，对身心的要求更是不一样了。任何事情因缘具足才能成立，如果有因，没有缘，这事情就不能成立。站桩也一样，我们练站桩要在生活的习惯当中辅助它、完善它、滋养它。

两个门规

第一条是师徒的关系，师父永远是对的。第二条就是不背后说人是非，要说当面说。第一条，我问了很多人，都不明白。第一条是什么意思呢？就是在道体上对学者的要求。不只是跟师父之间，任何人跟你之间有问题，你都要躬身自省，在自己身上找问题，完善自己，有则改之无则加勉。这就是“师父永远是对的”这句话的真正含义。一心向道，能理解对与不对，对你来说都是助缘。心胸格局从此就要发生变化。第二条，你在精进的通道里边，没有别人的事情，你顾不上其他。有些人学了传统文化，他能讲很多很多道理，讲的很精彩；很多修法的人，他能说很多原理，说得都很清楚，但是他位置不对，他都在说的路上，你自己要变成道体，以法修正自己，在别人说的状态里。别人说“这个人真明白！”你就是这个人。道也者，不可须臾离也，你没有时间说东说西。这是这两条门规的真正含义。

二、大成拳以空性为基础

我们已经说过，大成拳是以“空”作为基础的，但是说得不清楚，什么是“空”呢？有人理解“空”就是空间等。我们说是以“空性”作为基础。空性是什么呢?就是不预设，有无限的可能。我学习的过程当中，很多人搞不清楚，也把有形和无形搞不清楚，空性包含了有形和无形的未知以及不确定性——有形的不确定性、无形的不确定性。“大成拳是中道拳法”，那就是它包含了“有”，也包含了“无”。有些人在用劲，用自身身体的劲;有些人可以用身外虚空的劲，中道是这两个东西没有分别，同时存在，这是基本概念。只有站桩才能最方便地体认这个道理。

三、通过站桩体认空性

怎么体认呢?站桩的时候，拳论说“形不破体，力不出尖”，这很难理解。“形”和“力”“体”之间是什么东西呢?身体要清晰的话，身体的心、神、意、气和筋、骨、皮、肉这两个系统要清晰，就是自身的有形和无形要清晰。自身的有形在无形的状态里，在无形的弹性连接、不丢不顶的状态里。那么站的时候，随便站什么桩，全身每一个关节，比如肘关节在撑的状态，但是它不撑绝对了，手跟肩在撑的状态，但是它不绝对，它在一个什么样的状态呢？它在一个能开展也能收缩的状态。那站桩站什么呢？每个关节之间能开展、能收缩，松和紧统一的状态。松和紧统一的什么状态呢？这就是我们学的最难的，也是最高明的，就是“松即是紧、紧即是松”的状态。站桩只有在这种状态下，你觉知每一个关节都是松即是紧、紧即是松的状态了，全身就是一个均匀的均整状态，只有全身均匀、均整的时候，全身干净、无杂染，身体这个整体才能融到虚空整体中，有形的身体和无形的心、神、意、气和外边无形、有形的天地就变成一个了。那我们练全身的松紧，就是要觉知全身的松紧，通过觉知全身的松紧、即松即紧、非松非紧的状态，用这种状态跟外边建立联系，建立联系的时候要觉知身体这种松紧的状态还在不在，因为你要用它，如果遇到问题，这个状态就不在了，那就没练成功，就不能用。只有松即是紧、紧即是松的时候，所谓的无限可能、空性就显现了，这就是所谓的“中道”，包含了有形和无形、松、紧。

先师说的“拳无拳、意无意，无意当中是真意”，无意之意就是中道。古人的修炼已经是很高的境界了，但是现在人不知道古人在说什么。有无限可能的空、中道、无意之意，是一个东西。这通过练拳就越来越清晰了。那前面说了那么多，又说“无我”是一个基础，实际上没有“无我”，做这些事情的时候就进入这个事情的通道里了，只是因为你进入不了这个通道才对你说要“无我”，要这样，要那样，实际上没有这些。

四、站桩的感受

把意往虚空一放，放到虚空的一瞬间，感受自己和虚空是一体的，而不是放到虚空就没有自己了，自己是虚空的一部分，这就是一个整体，跟虚空不能对抗，不能顶着，也不能丢掉，而是相融相合的状态。

为什么要“似笑非笑”呢？似笑非笑是乐的一种状态，你乐的同时你得让环境跟你一起乐起来，精神是有觉性的。如果你没有乐空的状态，那就是身体那种精神觉知力不够。

还有就是“似尿非尿”。似尿非尿，身体就在满的状态，这种满就是原始的、有无限可能的空的状态，就是“乐”和“空”同时存在。只有这“乐”和“空”才是万法的基础，也是万法的究竟。这是站桩的真正状态。那你跟人说话的时候，还是不是这种状态？你走路的时候还是不是这个状态？你手抬起来的时候还是不是这个状态？前面有敌人的时候还是不是这个状态？这是我们说的由均匀到乐空的状态。这是站桩要练的。

从形体上来说就是上下要挺拔，左右的旋转、脊柱、关节、肩胯都在一个能开能合，能起能落，能进能退的一个状态，并且还是无意的状态。因为前面练了很多，比如自然桩，那么手拿起来练，就是检验每个关节的松紧是不是均匀，是不是一样的，肩背的松紧和腰胯的松紧等，都找一找，整体的开合、提顿、撑抱、吞吐是不是都在状态，吞吐的时候是形在吞吐呢，还是神气在吞吐？我们练的是神气。有些人练吞吐的时候练成形了。现在越来越清楚了。你肩膀和肘是这种用力状态，腰胯是这种用力状态，全身是一样的，是这种状态。

这个浑圆桩简单。如果变成伏虎桩呢？有些人上身僵硬，有些人腿僵硬地支撑，应该是活性的，以身运用手臂和腿脚，体会这个乐空还在不在，全身无一处着力，全身的关节都在松紧一如的状态，这就是自身的一个空有。融到这个环境里边呢，把自身的完整，自身跟身外这两个东西构成一个大的完整，那你感知自身和身外的虚实、松紧，把自己慢慢地散开，让外边慢慢地满起来，这就慢慢地对接上了。散到什么程度呢？散到让虚空渗透到有形的身体，让有形的身体虚化，让身体里边都是虚空，只不过这个身体是虚空的一种形式的显现，它也是虚的。

我们再细说中道。有形的身体和无形的虚空最后要统一到精神里边，精神是中道，精神统领有形和无形。我们把精神再细化，它就是无意之意。老前辈们说出来，写在那里，你看不懂。“空性”“中道”“无意之意”，都是一个东西，是指全部，一个整体、一个均匀，“空性”这个词可能更准确。有形、无形；有、无；实、虚等，都是在空性基础上的显现，空性有无限的可能，是零坐标。

五、推手如何显现空性

那推手的时候如何显现空性呢？我们说站桩、试力是一回事，试力的时候要均匀，要松紧一如。我们说，出去的时候，手前面不能有阻力，是身体这个中把手带出去，推出去，身体推一个无形的手。为什么是无形的手呢？它跟对方没有阻力，就能衔接了。回来的时候，手要搭着对方，后边没有身体，精神在外边控制着手，控制着外边的对手，也控制着自己的手，用无意之意控制，有无限的可能，在整体中做这个事，这是站桩和试力。试力的时候是自己在做，如果推手呢，就是接触人以后，没有前进，没有后退，就是感知。感知怎么来的呢？一般人一上手做不到。为什么过去人练转这个圈，打这个轮？先打重轮，拿着劲在这儿推。拿着劲推练的是力量，是有所依赖，对对手的依赖，双方的互相依赖。我们推手要变成断手，那就不能依赖这个接触，所以我们越推越轻，越轻的时候感知力越强。就是越推越轻，轻到断开了。断开了，只是感知，没有接触，用的是意，拳无拳，意无意，到这种状态才可以用，否则的话都在用力。你能感知的时候，推的时候就知道，原来不用力是这样的。只有这样，才能拳打人不知。

第十四讲　大成拳法的根基

一、学习的方法

先说说学习的事。有些人不会学，不会学就入不进来。要入进来得会学。有些人一定要先把道理听明白了，“哦，我知道了，是这样练”，这样练感觉心里踏实。有些人说“我不听道理，我就要练这个用这个，练着练着就成了”。这也不错，但是这是在自我的认知里。自我的认知有局限。为什么非要有师父传授不可呢？他能把你带到你没经历过的认知里。我们说“把这个势建立起来”，在这个势头里边，慢慢地合于法，合于理，理、法慢慢地和这个势头变成一个东西，这样才能学会。从理上，从法上，最后都要归于行动，归于这个事情本身。

练习的时候，有些人认为，把自己融到虚空当中；有些人认为这太玄虚了，一定要稳稳地和地接牢了。这都是自己的认知。有些人说，我这一举一动要合乎法度；有些人说，我这一举一动要有用的感受。这都没错。但是这个过程要归于这个事情的本身，这很重要。

有一次我练得很累的时候，坐在紫竹院公园湖边，我无意当中把手抬起来，往回一收，收的时候就感觉湖水跟我连上了，这个时候我突然明白了，无意之意才能进入到这个事情本身。如果自己非要人为地做这个事情，就老在身上出不去。

还有一次练累了，早上起来坐在那里无精打采，我突然一想，“我怎么机势没有了，没有那种感受了？”然后我瞬间就把那个东西提出来了。

这两件事让我印象很深，后来我就明白了，如果你平常老在觉知的状态里边，它就有无限的可能，契机就会出来帮助你。

二、复习与深化

第一步，站桩，我们要求整体、均匀。从浑圆桩的感受来说，手腕向外要有外撑的意思，外撑的同时，手腕作为根，手指要有伸展之意；肘要有横的意思；每一个部位的感受都要均匀；脚腕跟手腕一样，踝关节断开，脚和地要有关系，小腿和脚要有关系；颈项要有挺拔、后枕之意；耳向后听，让它跟眼的前视达到一个均匀的状态；肩要撑空，所谓“肩撑肘横”，这样就让两肋的气机饱满，把身体融到这个气机里边；曲腿之后胯要有起的意思，胯意起来以后胯和脚就形成一个对拉的状态，脚和地的关系就越来越紧密；知道胯和脚的关系以后，就能理解腕和肩的关系，撑和抱成为一个东西。现在体会往外撑和往回抱跟身体变成一个状态，然后把手忘掉，把胸（里边能含的胸、里边的虚胸）让它气化、放开。这是第一步，说的是有形。

第二步，我们说有意，就是把气化的胸放到身外，用能含的胸、气化的胸跟身外建立关系，把手忘掉，手不管怎么动，意识不在手上，意识还在胸里边跟外边建立关系。练习与运用，意识不能跑到手上来。我手扬起来，意识也是由胸跟外边建立关系，这手上就没有意了。手上没有意很重要，这样才能进入到由胸和外边接触的第二层——练到手上没有意，跟外边自然相接，这就是无意之意。由身上的各种均匀，整体，进入到以虚胸跟外边接手，手上没有意，这就能用了。有感觉就能用了。手的感觉即是心胸的感觉。

然后手和外边成为一体，就是无手、无外，因为它不在身上，也不在外边，在身内身外的畅通。

王芗斋先生说“五项要紧”，就是手项、脖项、足项，这几个地方跟帐篷的支架一样，支撑点不动，帐篷是随风飘动的。身体就像穿堂风能穿过一样，就是身体虚含的东西跟外边成为一个东西，才能是这个状态。成为一个东西以后，运用的时候，这五个关键部位就是用不动之动。我动的时候用的是它那个挺拔的东西，到打人的时候是那种状态。这个已经说的很清楚了。

三、动的练法——炮拳、崩拳、圈锤

动的练法，我们讲炮拳、崩拳、圈锤。

第一个层次，以身运手。身体立体的摇旋。如果打炮拳，肩胯以身体的竖轴摇旋，肩胯相合。“拳从口出，发于鼻端”。手应该是从身体中线发出，在身体中线这个界面上运动，并且与肩胯相合。大成拳的拳，它只不过叫拳，它不是说我要这样（抱个拳架）打，它是合理的间架运动的轨迹，它练的是运行的通道、路线的顺畅，手是在中线上悠出去，不是从侧面挥过去，如果从侧面挥过去手和肩之间就有张力。炮拳打得好的人，应用的感觉是身动在先。是身转过来以后，手悠出去；手回来以后，身转。它不是炮拳，只是名字叫炮拳，就是这种运动方式。

崩拳呢，过去郭云深老先生的崩拳，是把人吊起来打。崩拳是接上以后，没有身，只有手臂跟对方连接，身随着手，把自己飘起来。

圈锤，开头打出去的时候有点儿像身用手，跟对方接触以后就没有身了。回来的时候没有身，出去的时候没有手，它就是把这个两个给中和了。这是第一个层面和第二个层面。

第一层，身内身外；第二层，由身内到身外；第三层，无内无外。拳论上说叫“前节有力”，手打人的时候来回不空，这进入另一个层次了——不是说我这样出去的时候手是虚的，接触的时候手是实的，身上变虚，没有这些。我这个身手非实非虚，这就是有意无意。无意之意，就是我打这个炮拳，我不知道手是有意的还是无意的，我不知道手是虚手还是实手；我打这个崩拳，我不知道手是虚的还是实的，或者身上是实的还是虚的，没有这些。这就是我已经把自身融到虚空当中，成为虚空的一部分，身体要有虚空的属性，但是身体运用的能力还不丢，还得用这个身体，我代表虚空，还得能代表虚空。

从另一个角度说，第一步是有意，第二步是无意，第三步是无意之意，也就是从自身，到身外，再到无内无外。为什么前面非要铺垫这么多呢？铺垫了之后还有很多人跟不上，如果不铺垫，直接就说天地、虚空和自身融为一体，那更不行了。无意之意就是一个门。无意之意就是中道，就是不管你是用实还是用虚，你要有无意之意，你身体得有觉性、空性，才能用这个空、用这个有，不住于空、不住于有，把这些打通，身体才有这种能力。

四、大成拳与普通拳术的区别

对那些认知上似是而非、不完全清晰的人来说，是局部和整体的问题。普通人练的拳术是练局部。大成拳的基础是空性、是中道、是无意之意，这是入门的前提条件、是根基，通过这个才能入得进去。慢慢地我们还要了解，怎么区别大成拳和普通的拳术呢？要把这些理清楚了，只有清晰了，不管练还是用，你都在正确的通道里。

（一）局部的练习是在形当中求真，在有形的身体里求真——看我这拳多重、我这动作多好、我这发力多猛、我这变化多快——这都是在自身上评判。整体的练习就要超越这些东西，要把虚空涵盖进来说这个事情，不是局限于自身，而是把自身和身外作为一个整体说这个事情，然后练好了就涵盖了整体。

（二）局部的拳法，有些人在劲道，有些人在意；有些人喜欢用劲，有些人喜欢用意，都在练的状态里。老先生说，“一用劲就僵，一用意就没劲”。这就是在自身上的劲、意上练的结果——自己想“用意不用力”，结果被人打得落花流水；练劲的人是硬来，练的时候有劲，用的时候就没有了。整体的练法是在神意、在机、在势，拿机势来练这个东西。

（三）从最本质的认知上说，局部的认知在自我：整体的认知在天地、人、我，你要跟有形的地发生连接，跟虚空发生连接，跟人要发生连接，这是整体。但是一般的拳术理念和训练里没有这些，所以它就落于局部了。

（四）局部练法是在对抗的状态——两个人一站位就是对抗的状态，对抗状态就是狭隘状态，是紧张状态，是有为状态，是胜负状态；整体的练法是中和状态，像《中庸》里说的，自身是中和，两个人对打也是中和状态，对方没有对抗的能力，只是配合你打他，你只是用对方。

（五）局部的拳法以完善自身为目标，把自身作为一个整体，但实际上它没有真正的整体观。有些人，他认为先把肩练好了，再把胯练了，再把五脏练了，再把肘练了，再把头练了，最后把这些一组合，就变成整体了。其实这是局部加局部，而不是整体。整体的拳法是以整体观练习觉悟，以精神统领身内身外，身心不二，身内身外无分别。这是根本问题。

（六）有些人落到劲道等具象的通道里了。我年轻的时候也是一样，我练拳突然一发力，玻璃都震动了，所以我不愿意超越劲道。我认为超越太浪费了、太可惜这些东西了，于是就落到劲道这些东西上了，这是局部。整体的拳法是练触觉本能的活力、自然本能的活力，这是王芗斋的拳法，这才厉害。你看狮子老虎它不会发力，它没有专门的发力练习，它是那种东西，是自然本能的活力，我们练习的是那种东西。

（七）局部的练习是局部部位的增强。整体的练习是整体生命状态的提升。大家知道得越多越清晰，以后练的时候辨别能力也就越强。过去练的时候，有些人觉得有些功夫不错，认为“我学练一下对我学拳有帮助”，结果过几天师父一看，说“你这是练什么呢，把身体练坏了”。他自己还不知道，觉得比过去厉害，两个人一对立、一伸手，他本能地就用他的功夫，那就是本能地体现“你看，我是沙包”，结果被人一脚就给踢倒了。这是他认知不清晰，他认为好的那个东西跟整体的系统是对抗的，它是局部的一个东西，它帮助不了这个整体。我们现在就越来越清晰了。

（八）局部的练习是有限的；整体的练习是无穷无尽

的，是上升（生发的、升华的）的。局部的练习或者执着于有意，或者执着于不用意，或者执着于身体，或者执着于身外，虽然能感觉到他修炼有功夫，但是失去意义了。整体就是我们说的无意之意，没有内外，没有有意或无意，是这个东西，天地人我是中和状态，圆满状态。我们说，不落到有，不落到空，在中道、在觉性。

练局部的结果是什么呢？是强化了自我，越练越顽固、执着、颠倒梦想。练对了，练整体的结果是天地人我一体化。学习的时候，知道了这些，我们看到外边的东西，或者是影像、文字，就有辨别能力了，就会不延伸、不对比、不节外生枝。我们原来经常讲这些事情，书上也有。那就是当下的心很重要。

五、净、灵、安、勇

明白了这些，在站桩、练、用的过程中就有辨别力，练明白了以后，随着你功夫的增长，身上就越来越干净了，就是越来越无杂染了，慢慢地就懂得待机了，慢慢地就善用势了。我总结五个字，先说四个字“净、灵、安、勇”。

（一）净就是无杂染。练的时候，用的时候身体没有杂质，就是王老先生说的“一指之动皆是全身之动”。什么意思呢？它是一个整体的均匀，比如你跟对方摸上，或者是你迎着对方，你不管哪儿对着对方，都是全身的、均匀地对待对方，只是你接触对方的地方离对方近而已，对你自身而言，它是一个整体。

（二）只有干净了以后才有灵性、有觉性。

（三）懂得了待机，就能安。你心里真正安了以后，对未来的判断、预知能力就比常人深厚。常人心力不够，轻浮的时候，你是厚重，有厚重出来的灵气，能捕捉事情的真相，你能看到别人的机。普通人认为是机的可能不是机，但是你能看透它的根本，你知道这是不是机会，你就很清楚。这是安。

（四）你心里安了以后出来的勇，就不只是自己，你看到身内身外、天地人我，这个时候你就能善用势，你用势，这个勇才厉害。

我们练的时候，这些理念要慢慢地融到动作中，融到站桩当中，到时候融到推手当中，慢慢地融到断手当中，慢慢就学会了。

第十五讲 大成拳中的天人合一与戒定慧

一、站桩的完整过程

这个大的理论框架我们已经讲得差不多了，现在用更具体、真实、有形的状态来完善、补充，让它更丰满。

站浑圆桩（包括恢复桩）的时候，身体在一个气化的状态，就是把身体松开，虚化，浑圆桩虽然手抱起来，但是手上没有东西，松开，虚化，虚化的状态越来越大，大到身外，让虚化的身体变成真实，变成习惯——一举一动用的是虚化的身体，不能在身体上堆积，这个意识得清晰，对这个堆积得有觉知，有些人推手的时候堆积到肩膀；有些人练健舞手臂起来的时候是硬来，硬来就憋到身上了，我们身体要在一个虚化的状态。我们说这个“松紧”，松到化开了以后那个“紧”是什么东西？那个“紧”就是神气，让紧和虚化变成一个东西。古人说“精神须提得起”，这样身上才没有僵滞阻碍之病，全是神气。练之前先明白这个原理，练到这个状态。然后分虚实。小的虚实，就是有形的身体变成虚的，让无形的精神变成实的。

然后再分刚柔。古人说“刚”是怎么来的呢？“积柔成刚”。就是这个虚气很大，大到什么程度呢？就是孟子说“浩然之气”，这才是刚，虚化出来的刚。现在我们这个原理就贯通了。真正的“刚”是虚出来的，不是紧出来的。由松紧，到虚实，到刚柔，这是站桩基本的身体身外的状态，这样这个意思就了解了。

但是这只是培养的一个根，再深一步的“用”呢？我们站伏虎桩的时候，或者站矛盾桩的时候，站的东西是在蓄发状态下站桩，而不是在静止的状态下，就跟站恢复桩一样，站浑圆桩要在一个起而不起的状态下，要在一个神气的生机状态下；站技击桩，要在一个拔地欲飞的状态，在蓄发的状态里完成这个桩，这就是动静之机的状态，动而未动，静而未静的一个状态。有了松紧、虚实、刚柔的感受，把这些感受融到这个蓄发的站桩里，站桩就完成了。

二、站桩、试力、摩擦步、推手中的天人合一

古人说“要应天地变化，人身一小天，天地一大天”，要没有自己的想法，要无为而为，才能合天，这都没错，怎么做到呢？我们说“把胸打开，气息和外边相应”，实际上把胸打开和今天说的这个刚柔的刚，也即浩然之气，慢慢地就变成一个东西了，这个时候就清晰了，慢慢地，站桩的时候，身上的动静和身外的动静要相应。因为身体的觉知能力很强了，慢慢地习惯养成了，用的

时候，用的是天地虚气的刚柔，把自身融到天地里边的刚柔，自身的变化是“因敌变化（示神奇）”，是相应出来的，不是自己主观的。

那我们站桩会了。试力要找身体那个“刚”怎么样才能出来——就是有形的骨肉在松沉状态下，间架还得妥当，后胯要掖得住，前面膝盖要顶得住，后边膝盖裹得住，身体还得挺拔，手和肩膀还得断开，肩膀还得掖得住，然后中枢就可以用手臂、用腿脚。摩擦步，慢慢地走，走的过程当中，意在身外，把身体融到所谓的天地之气，也就是浩然之气里，让身体在走路的过程中和站桩一样虚化，在这个过程中让身上没有僵滞，没有阻碍；手上也是一样，手来回运动不能堆积到肩上，不能堆积到肘上。所有的变化要用全身来变，全身的变是为了保持整体的虚化而变，只有整体的虚化才能积累到非常坚刚的一个境界。推手由实到虚，再到空，空就是整体的虚化，整体虚化的结果才能坚刚，才能用。这是第二个很重要的内容。

三、大成拳的“戒定慧”

还有一个很重要的事情，古人说“练到一处有一处的认知”，老先生说“练什么有什么”。我们现在说的刚柔是积累了这么多知识、这么多实践和再认知，才知道刚柔是浩然之气，这是真刚，而不是用劲，你神气没出来的时候你是不知道这些的，所以有些东西就像我们说觉悟的境界——“净土”“极乐世界”究竟有还是没有呢？有没有不重要。你做这件事情，你信不信很重要。俗话说“信则有，不信则无”，实际上他说的意思是，你只有到达那个境界了，那个东西才存在。你没到那个境界，那个东西对你来说是不存在的，是这个原理。我们说可以“不用力而有力”，你没经历过，没达到这个境界，你不用力能有力吗？你不用力肯定没力，你一用力肯定僵硬了。王老先生说“不用力而有力”“意就是力”，那就是得把自身这些东西（松紧、虚实、刚柔、蓄发等）融为一体。实际上，这些东西通过站桩、试力、推手的积累，慢慢地突然就明白了。这个要求就跟佛法的戒律一样，比如说“不用力”，你时时刻刻持这种戒，任何状态下都是圆、通、厚出来的灵气，用的是这种，你必须有这个才能生那个“戒定慧”的“定”“慧”。那你站桩、试力、摩擦步的基础——身体圆通无碍的状态，跟人推手的时候，用的是这个产生出来的。这样一来，跟古人讲的“精气神”是一个道理——你神气的基础得有，你的“精”得实，“气”才能化，才能变成神，精实就是坚，要守住，要有保任功夫。那我们站桩就是要保住这个天地一体的觉性，只有这样，试力的时候定力还在，推手的时候、断手的时候，智慧才能出来。大成拳的“戒定慧”就是站桩、试力和推、断手，也就是“精气神”运用。

第十六讲　概说大成拳的用与练

一、清晰站桩

很多人练拳、练站桩不清晰，就导致了有强弱对抗。强弱对抗是什么意思呢？就是我要练得比你有劲，显得我有功夫，用的时候你力量不如我的力量。实际上我们练的不是这个，我们要跳出来，练的是跟镜子一样，要照见对方的强弱大小，练的是照见的功夫、是觉知的功夫，所谓觉性、空性，能虚能实、能空能有、能刚能柔、能松能紧的觉知相应的功夫。这个要明确，就是不参与对方的强弱，只是一个觉知相应。

形意拳是浩然之气的拳法。形意拳拳论上说“硬打硬进无遮拦”“相对如婴儿，举手不能逃”，很厉害，它有相对，有强弱。王芗斋大成拳是有感即应，守中用中，得其环中以应无穷，大小强弱跟我们没有关系，只是觉知相应，百尺竿头，更进一步。

二、大成拳实作与现代体育运动、与游戏的不同

要理解我们的断手、实作跟现在的体育运动是不一样的。王芗斋先生说，“所有比赛的打斗都是游戏”，但是他们是很认真地做这个游戏，为了这个游戏，他身体很强大、力量很足、速度很快，灵敏等，他的目的是在规则的保护与限制下的较量。大成拳的实作不是游戏，就是两个人对战的真实显现。但是大成拳是拿游戏的心态做较量，练与用只是相应。游戏的心态，心是不执着的，不参与，这是本质的不同。只有游戏的心态才远离了恐惧、胜负、输赢、面子、功夫大小等，所以它是相应，它没有强弱、没有大小。这是跟体育运动、跟游戏的不同。竞技比赛（打斗的游戏）是以认真、执着的心态去做一个所谓游戏的搏击运动。

三、“六合”与动静之机

站桩的时候，我们再增加一点要求。形意拳说要“内三合、外三合”，我们站桩要站肩与胯合，肩和胯要有一定关系，肘和膝要有关系，要有相应的、相照的、牵拉的、假借的、相融的、相断的、开合的等关系，所有的关系都要建立起来。比如手和脚，手抬起来的时候，有一根无形的线跟脚联系，是一体的，沉肩坠肘、肩撑肘横、手脚相应等都有。我们站桩都有一定的功夫了，都有这个体验了。这个时候再体验肩与胯合——肩与胯合是所有的站桩完善自己的一个基础。大成拳老前辈们都说“肩胯劲”，就是肩胯一定要断开。肩胯断开的时候，身体的主体才不会受手臂和腿脚的影响，因为手臂和腿脚跟外边发生关系，外边的作用不能通过手臂作用到身上，身上才有自主的能力。太极拳讲“牵动四两拨千斤”，这就是牵动了手臂的残余力量所谓的四两力量，进入主体躯干了，就是它牵动了不该进来的东西把主体给破了，这就是“牵动四两拨千斤”的道理。这样一来，通过“六合”让身体达到我们说的均匀、整体。这是指有形的身体。

有形的身体完善以后，站的时候，把有形的身体——肩胯、肘膝、手脚合上以后，以它作为整体（就是心与意合，意与气合，气与力合），整体以后把身体放到虚空中，先放到这儿，有形的身与无形虚空要合上，合上以后，练试力的时候，以肩胯、肘膝、手脚合的一个状态，保持试力的均匀、整体，让均匀、整体不能破了。这是通过“六合”保持均匀、整体。

站的时候，原地不动的时候有这个东西，动起来也要有这个东西。手上的试力动起来，全身配合让它整体，如果不配合，手动的时候这整体就破了。有些人是用身上，他身上有力，手上没力；有些人是所谓的点上有力，他身上没力。你慢慢地让它均匀，通过身内身外的各种训练，均匀就很容易做到了。腿上的试力呢？走的时候，掖着胯，顶着膝，身是主体，身用腿，身用手。身用腿的时候，身让腿不动，把它安住了，安住了，有活力，运手，运到一段的时候，身让手慢慢地，慢一点儿，然后运腿，虽然有先后、有次序，但是它是均匀的，这个不是绝对的，大家慢慢地找。

站桩、由站桩到试力，找动静之机——你说是动呢，它是用那个静止的东西在动；你说它静呢，静止的东西它在动，这是动静之机——动、静都要有机。

四、站大身，用大身

站桩，站小的就是站身体；站大了就是把身体融到虚空当中。我们一定要清晰、一定要牢记，一站就要大身，不是一个小的身体，必须是大身，用的是大身。如果用小身就很容易对抗，不是大身吞吐对方。你要是有大身，你摸对方，对方就很难动了，哪儿需要动作呢？把对方的间架破不了，对方是一个小身，你是一个小身，用小身对小身，就是对抗。如果用大身，一拿就下来了，不用力就破了。

五、清晰断手

站桩和试力一样，只不过一静一动；试力和推手一样，只不过面前有无人或有人，有人的时候你还是不是这个；推手和断手一样，只不过推手细微，断手是粗的，但是粗当中的细微更难掌握，因为它离开了。断手我们说是“形断意连”，推手是形接，意要摘开。意摘开才有变化，才不执着于对手。这是意和形的运用的两个状态，其实不只是这两个状态。我们说断手的时候，打人的时候，用力的时候，要把劲融到势里边。如果你不借势，你的劲就不能跟虚空、跟很多东西发生关系，它就局限，就浪费了。借着势用劲，它就变成一个东西了。劲要放到势里边。还有一个，形要融到意里边，意要赋予这个形的功能。守中用中，中始终在机上。我们说，得机、得势、得劲、得意，就全有了。理是这样，练的时候我们再一步一步来。

为了达到这些东西，不能在单个动作里用劲，要把劲道放到整体的结构、整体的大势里边，这个势需要你用劲就用劲，不需要你用劲就不能用劲，你不用劲就对了，或者用劲就对了，就是要有机势，跟机势要接上，要跟时间、空间联系，要清晰怎么用力，否则的话又变成自身的较劲了。自身较劲，对方较劲，两个人互相比较劲了。

六、练入道的拳法

大成拳是觉悟的拳法。王老先生说“信我独有，他人所无”。他为什么这么自信呢？因为他找到了拳术入道的法门。我们练拳，颠倒梦想、强弱对待的拳我们就没有必要浪费时间学练它。那拳怎么入道，怎么载道呢？练合道的拳法，怎么合呢？就是我们说的，做对自己，让自己的身心觉悟，对方只是帮你完成这件事情，而不是为了胜负。

为了胜负，你自己觉悟的身心就迷失了，就会不择手段来用力，全身就不会均匀。我们练的是一个人的时候均匀，有了对手也要均匀，对手是检验你的均匀。你有对手的时候能均匀，是对手帮助你的均匀，所以你跟对手是一体的，共同达成一个均匀，这种均匀才是无我无敌的。只有这样练习，不停地完善自己，超越自己，才是入道的拳法。

自己练的时候是这样，推手的时候是这样，发力的时候是这样，断手的时候也是这样。那你刚开始练的时候，比如说我们要推手，如果我就为了胜负，就非要努着劲做这个事情，就死了，就是把自己丢失了。我自己一个人的时候是这样，有人的时候我还是这样，我不变，即使对方很强大，我也是用他完善自己做这个事情。本来没有人的时候是这样浑圆饱满，是整体、均匀的，如果有人加了力量了，你还能不能利用时空和对方把自己调整到浑圆状态？你这样调整的过程对方就不行了。这是主次的问题，不能为了让对方不行自己变化，失去自己，而是我调整自己圆满的状态，在这个过程当中对方就不行了，对方的力量就卸掉了，等于对方参与了、增加了我的强度，让我调整、让我完善，所以说对手跟自己是一体的。慢慢地体会。

断手也一样。断手的时候，发力的时候，推手的时候，推手遇到有力的敌人的时候，有些人他不是观照，他不是觉照，他是对抗，应该是把对方放到自己的大身里，慢慢地、均匀地运用对方，等于对方增加了你的强度让你更大，你只是在感应的状态下做这件事。断手的时候更是这样，断手的时候换个不认识的人，或者有敌意的人，你的心还能不能这么强大？你的身体还有没有这样的智慧？这整个是自我修炼的过程，也是整个跟外面相合的过程，我们有时说我们的拳不对抗，是打人的，实际上不是对抗，也不是打人的，而是超越了对抗、超越了打人，是这样的拳法。

第三部分

由学练到会练

第十七讲　基础三桩的具体技术和对试力、发力的进一步认知

一、恢复桩

先说一下恢复桩。有人问，恢复桩和无极桩有什么不同。恢复桩相对于无极桩来说更简单，指向性更强，它就是恢复人身体天然的、无拙力的一个状态；无极桩要求在太极之先的、未分阴阳的一种氤氲状态。换句话说，无极桩不只是练恢复生命之机，它指向很多；恢复桩主要是在生命的觉知状态里边让身体和心回归到一个天然的状态，那就是身体要有升降的生机，拳术里叫“起落”，能起能落的生机。

王芗斋先生早年说，“三劲成体，六力错综”。三劲是指上下、前后、左右的劲，分成六个方向的力。竖起来的劲就有起落，在起落当中觉知身体——腰胯、肩背、

心胸、胯腹、膝盖、肘、手、颈项，觉察是不是均匀状态，如果不均匀，用肩胯、脊柱来调整这个均匀。在这个过程当中，慢慢地我们知道了，躯干是身体的主体。我们用躯干调节腿脚的弹性、踝关节和胯。起落的时候，主体不变，腿的弯曲决定身体的升降起落。在身体中枢保持不变的条件下起落。

起落的原则：重心在两脚平均偏后的位置。有些练法把重心落在前脚掌。如果重心落在前脚掌，能练得很稳。过去有些人站桩的时候，只有重心落在前脚掌的时候，他手上能挂起个人来，如果重心落在全脚掌后部，他一挂，身上就紧了，这样一来他更容易把重心落在前脚掌上。重心落在前脚掌最后的结局就是，两脚生根，很容易就五指抓地，真抓住地了。我们练的是重心往后，胯要提起来，用身体拿着脚放在地上，而不是身体压在腿上做这个事情，这是本质上的不同。所以是掖着胯，胯有往后的意思，膝盖有提升的意思，拿身体用这个腿，提起来放到地上，颈项竖起来，肩膀断开。只有这样才能使站桩成为动若山飞的可能。

二、“恢复桩”“培养桩”“激发桩”名称的由来和含义

“恢复桩”，意在恢复生命之生机，也称“复性桩”。第二个桩“培养桩”，培养恢复的增进。“激发桩”用简单的名相把大家带入桩的真实含义里边去。过去那些桩都叫浑圆桩，“民国”的时候有人叫“浑圆一桩”“浑圆二桩”“浑圆三桩”……矛盾桩叫“斜步浑圆桩”。这个简单地给大家说一下。因为所有的桩练的都是浑圆之力，所以浑圆桩是走到哪儿都不会错的桩。伏虎桩、降龙桩都是有取向的，浮云桩、扶按桩、鹰桩等，都是有取向的，但都是练的浑圆之力。

三、培养桩

通过“恢复桩”把自己恢复到一种有生机、有活力

的状态，由过去习气惯性的通道归到有觉知、有活力的通道里，然后在这样的条件下要培养。培养桩，让胯往下、再往下，练“恢复桩”的时候是膝盖微弯，有细微的起落的觉知就可以了。现在我们要让它幅度大一点儿，借助于手臂，手臂要有按东西之意，借助手臂往下按，把身体按起来的一个状态，我们要培养它。刚开始练的时候，肘关节可以放在体侧，跟身体在一个平面上，练到功夫纯熟了，手伸到前面，如果刚开始练就把手伸到前面，容易把身体夺了。无论起落，身体的中枢不能变，中轴不能变，有些人手一伸，中轴变倾斜了，中轴还得是直立的。能蹲到什么程度就蹲到什么程度，只要你能保持肩膀是断开的，身是竖直的，腿是有弹性的，刚开始可以蹲得高一点儿，有功夫可以低一点儿，再有功夫可以再低一点儿，都没问题。在恢复桩的基础上，我们把生机和活力培养壮大。

为什么我把它叫“培养桩”？因为练这种功夫很容易就落在自身的感受里边去了，而我们要练的只是培养觉性的壮大，也就是“已身已具备”的过程。

四、激发桩

“激发桩”就是过去人说的养生桩、撑抱桩、浑圆桩。要超越自身的感受，自我放大的时候，把自己放到空气当中、虚空当中，只有这种桩才容易进入人和虚空融为一体、人能用虚空，人又能融到虚空的桩，因为它的要领很容易让人做到这些。

我们再复习一下它的要领：肘一定要撑开，撑肘就把胸口打开了，让身体竖起来。以手腕为根，手指伸一下，就把肩胛骨打开了。把气沉到腰上。要感知一下腰松。一边松开，一边跟虚空相合，一边松一边合，把身体的主干（练习主干控制四肢）虚化。虚化慢慢地放大，超越手臂，没有手臂的感受，只是虚化，虚化逐渐地大于手臂，再大于手臂之外，再不停地大，让虚化的主体变成自己的主体。换句话说，把自己融到虚化这个主体里。我们以后所有的运动都是以虚化的主体来运动，只要虚化这个主体在，这就是均匀，这就是整体。如果碰到阻力虚化就没了，这就叫“形破体”，虚化这个体就破了，“形破体，力出尖”，力就出了虚化的浑圆之体，也就是“神外溢，意露形”，全错了。拳论在这就应上了。

五、站桩的道理——有形和无形的真正含义

会站桩很重要。再说一下站桩的道理。我们说站桩就是练有形的身体和无形的意，要把有形的身体当作无形的意。就是我们把有形看透，它就是意，把无形的意看成无形的形。这就是古人说的“形是有形之意，意是无形之形”。这是有形和无形的真正含义。“形要有意的属性，意要有形的属性”，跟这个是一样的。古人还讲“有形非觉体”，就是执着于形非觉体，“无相乃真形”，都是指这些东西。我们慢慢地会站桩了，才能参透古人说的话，“形不破体、力不出尖”等就都明白了。

六、试力

试力也要均匀，这个形是有形的意，意是无形的形，做有形的东西，就当是意用这个有形的东西。我们要慢着练。为什么要慢呢？慢了你才能体验到、觉知到这个是意，在正确的觉知中培养激发身心能量与虚空能量相合，使觉知通透在时时处处，只有慢才能觉知自身每一处之合理，觉知自身与身外联系之合理。如果快了它就过去了，你就觉知不到。我们把慢练那种觉知让它稳定化、常态化，练到你一举一动都在均匀、整体的状态。因为你慢着练的时候，当你要丢失这个均匀和整体的时候，你立即就能觉察到，所以慢练还有另一个功能——修正的功能。如果快练，你不知道就过去了。慢练慢到什么程度呢？慢到你一举一动都在均匀的状态的时候，个体的试力就完成了，我们这时候就拿人来练，检验自己还是不是均匀。那就是我们平常用试力这些路线、通道练习，这就是法。你碰到人的时候，你知道不均匀了，怎么调整到均匀，这就是试力的功用。有了这种功用才能急应缓随，动静处中，有感即应。比如“分水试力”“波浪试力”“圈锤试力”“炮拳试力”等，让这些东西通过这种方法来解决不均整的问题。

练的时候“眼前无人似有人”，用的时候“对面有人似无人”，“有人似无人”就是“有人”只是帮你解决你不均整的问题，而不是有敌意。如果你有敌意就真多出来了，“有人”你才知道有方向，所以练的时候才有的放矢，就是你不能一抬手就做动作，那都是盲动、妄动。一举一动都要问一下为什么，是不是整体？是不是身发动起来的？是不是身应外境产生的动？这样一来就会练了。

七、真正的中国武术的状态

大家都会练了，知道原则的时候，越清晰越会练，它没有定法。我们练的所有站桩、试力，都是通过这种方法，通过这种技术，练的是控制自身、控制对手、打击对手的能力，而不是技法和招法。只不过有些动作，它有生命结构的运动轨迹，比如这样的轨迹就很舒服，如果背道而驰就不舒服、不好用，所以它没有法，但是它立一个规矩、立一个原则，它可以产生无穷无尽的法。比如你手臂要起来的时候，碰到阻力你不能硬来。比如对方按住我，我要起来的时候如果硬来，就不均匀了，我就是随着均匀，对方就被牵动了，我干嘛非要硬顶呢，我顺过来不是很均匀吗？你现在明白了，不是躲对方，实际上是引对方，就像打仗一样，把对方引到伏击圈里打他。如果对方弱，我就直接饱满放大把对方击出去，如果对方力量很大，我就把他弄到合适的位置再打他。这个觉知相应就能立于不败之地，我假设任何人都比我力量大，我用天地浑圆之力这个办法都能解决，而不是说我假设任何人都比我力量小来制定一种取胜的办法，实际上我这种假设没有力量大小之分，而是在感知、在觉知，实际遇到的力量有大有小，遇到的力量大自然就变成这样了，遇到的力量小自然变成那样了，随外境自然变化，就跟蛐蛐的那个须一样，如果探到对方弱它就上去了，如果对方强或者是陷阱就出来了，它不是有意的。我们要学真正的中国武术。

八、发力

说发力，就要明白一个东西，我们练了很久均匀饱满整体，发力的时候就变形了。我们拿球体来比喻，说打人是个球体，孙禄堂说，“橡皮球、钢丝球、铁球”，那球怎么打人呢？如果明白这个球体就会用身，如果不明白就会自身较劲，自身较劲的时候就把均匀给丢了。打人的时候均匀不能丢，这身体怎么变化呢？那就有了“遍体弹簧似”，身体跟弹簧一样，这个弹簧是跟对方呼应的，弹簧不能压死，它是活性状态。老前辈说“犹如翻浪”，是整体的。弹簧是整体的，翻浪是整体的。还有一个中环关系。这个球形外力落不住。好比你踩一个球踩不住，它就跑了，这就是打的原理，这样一来就清晰了。还有一个“火烧身”。他身上不是紧，是炸开的感觉，各个方向是同时起来的。大家慢慢地要了解这种“空有”“翻浪”“火烧身”“弹簧”“中环”等，了解这些东西的时候跟对方就是相应，它没有一味地退、防守，也没有一味地进攻，也可以不是进攻也不是防守，需要进攻就进攻，需要防守就防守，都是机使然。有些人可能认为中国人老在防守反击的思维里。我们要跳出这个，它没有防守、没有反击，没有进攻，它就是相应，甚至对方有动的念头我就可以打他，很快、很大，要得机，还要得势。

第十八讲 由矛盾桩（技击桩）进入试力

实际上这些桩都是一样的，为什么要把它们分得那么清楚呢？它们的“本”是一样的，从功用来说，为了用着方便，才有了功用上的取舍。

一、意外无力

大成拳用的力量是意力、自然本能的活力，是“周身无一处着力”的力量，“意即是力”的力量，前面讲的三个桩和技击桩都是培养“意的力量”，意的力量在身体上的体现就是身形一定要松开。为什么各种拳家都讲“松、松、松”？松本身不是目的，松是松开骨肉、关节，使其对神意不要有控制，要把这种控制松开，就像一些拳家所说，“这人身上利落，手上干净利落”，就是指把身体对意的束缚给去掉了，用的时候是用这种不受骨肉束缚的意，所谓的意拳就是这个东西。这个不受骨肉束缚的意只是自身的，我们这个意还要跟身外相合。很多人有了这个意以后不会用，用的时候又回到了自己的习惯当中，他不知道虚空、身后、周边都有意，用的时候又自身在用力了。用意就跟阳明先生说格物一样——“心外无物”，王芗斋先师的大成拳“意外无力”，就是除了意之外没有别的力量，“意就是力”。如果用意的时候没有力；不用意的时候用拙劲；就是用意的时候没劲，用劲就是拙劲，这就是落到两边了，只有意就是力的时候，才能破掉这个。有些人认知上知道用意，有些人行动的时候用的是拙劲，他不是一以贯之的“意”，知行合一的意才是真意，真意才是自然本能之活力，即是体又是用，所谓良知良能。当我们知道良知良能是这个意的时候，一举一动，所谓的“意不由己出”、所谓的“意在身外”、所谓的“控制”、所谓的“打击”都是一个东西，前面的三个桩和我们接下来要练的矛盾桩都是一个东西，就是意以外没有别的东西。

二、矛盾桩（技击桩）的要领

站这个桩的时候，虽然讲的是意，但是身体得对，如果身体不对，意不容易饱满，意不容易放大，身体里边不对的地方就把意给束缚了。矛盾桩，斜步，掖着后胯，顶着前膝，与此同时，后膝往里裹，前膝向前向外稍微拧一下，随着掖后胯把前胯也往回收一下，然后腿放松，身体跟腿是弹性连接的关系。有些人站的时候腿用劲了，腿应该是松的，后腿支撑腿更要虚，在没有起用的状态里。有些人用腿了，用的时候后腿紧了，紧了就不能再起作用了，紧是错误的，用完了以后也是松的，松是开始，松也是结果，一以贯之，骨肉任何时候都是松的，用的时候，只有骨肉是松的神意才能出去，是神意紧起来，不是支撑腿紧起来。前面抱着，腿不变，手臂往回抱的时候肩胛骨要打开、撑开，身往前迎一下，就是接一下的意思。接的时候，肘要为胸往出迎的状态让一下，否则肩就夹住了，让的时候身和手还是一体的，不能让得胸出来没有手了，“迎”和“让”都是意，我们练的是意。有些人做的时候，一提精神身上有些地方就紧了。胸和肩、肘打开，手往里合一下。有些人练成这样了，手没合上（形是散乱的）。打开以后，手往里合一下，合上以后，手臂和身和腿就变成上、中、下相呼应的关系。要领大概是这样。在做对的过程当中体会、自己检查一下身体哪里有紧的地方，要松开，让它饱满、均匀，又回到饱满、均匀、整体了。

三、站桩、试力、断手——体用不二

站的时候是这样，运用的时候要饱满，胯得会运用，动作的时候肩胯用手臂和腿脚，试力就从这里开始。

大成拳跟别的拳法不一样，我现在说的这些现阶段是对的——就是以身体做这个动作，身是主体，身变换拳脚，帮助你运用，因为你光站桩是不能用的，但是没有站桩的功夫你其他的东西用不了，站桩是基础，这个基础演化出各种用，这个基础是“体”，“体”和“用”慢慢地要变成一个东西，就是要把这个活起来，不是手活，是中枢和手脚。

这个讲法一部分人听着很舒服，还有一部分人他就会思考，这样一来就把中枢落在有形这个主体上了，这是在有形、在自我说这个事情，慢慢地让身手这个动变成一个动，它的中是身外的虚空，拿虚空运这个有形，全体手脚和身都成为另外的“中”运用的东西，“中”就不在自身的中枢了。这个掌握了，再继续深入，全身整体为“中”，虚空为环，这就进入断手的用练了。如果听不懂这个就按照前面讲的练，听懂了就按照这个练。最后慢慢地运用到身体所有的地方都是均匀，等同了，用虚空运手臂、运身体，不管运哪儿都跟身运手的道理是一样的，这就是试力。

我们说过以大身、以虚空运这个身体，我们现在再超越那个练法，这个虚空没有固定的大身，没有固定的前后左右方位，因为是要因对方的变化而形成自己的动，这是运用的法则，用的时候，自己能不能做天地的主；再一个是自己愿不愿意让天地做自己的主，能愿意、能做到，用起来就很轻松。

道理大家都能听明白，今天好几个人在这儿练，都能听懂道理，都不会练，所以就慢慢来吧。但是我比我的师辈幸运多了，跟我学的很多人悟性很高，这使我在教的过程当中也学到很多东西，虽然大家做起来有时候也很困难，需要时间，有时候我太急了，急了也不行，前辈们明白的也不多，这样一想也就释怀了。

第十九讲　打的学问及对方不动的打法实践

一、中国武术传承的优势和劣势

如果单纯从武术的传承来说，它有很多弊端。文化的传承它很好，言传身教、口传心授、尊师重道、祖师法脉，各种加持。但是和现代体育竞技来比，它缺少一个竞赛的检验机制，这是它的弊端。如果从文化来说，它没有问题。它不需要竞赛，它是修身的功夫、养生的功夫、防身的功夫、完善心胸格局的功夫，是自我修炼以拳载道的功夫。过去打拳的一些人，别人都不知道这个人会打拳。它是完善自我的功夫。现在人恨不得让全世界的人都看见自己会一个动作。

我前一段时间晚上一直到天亮一直梦见我师父。他已经去世了，怎么还在一起呢？一会儿找不着了，一会儿又有了。我估计现在的体育运动，如果你练搏击，练什么，就没有这种感情。也许有，但不是这种感情。

还有这个势头、这个要求不一样，对教练和运动员的要求不一样。运动员有时候感觉竞技状态好的时候就练的好，过一段时间要退役了，或者是身体伤病了就不好训练了。传统的修炼的功夫就跟中医、书法等艺术能力一样，越老越有味儿。它是这样的东西，大家要认清楚。

竞技运动需要的条件，第一，年轻；第二，身体体能要非常好。选各种优秀的、得天独厚的、有天赋的人才能做这个事情。我们经常看到，练传统武术的人，自小体弱多病，没办法，练武吧。很多祖师都是这种情况，身体不行了才做这个事情。还有些人，小时候弱，为了强健身体练武。所以它们的立意、出发点等很多东西都不一样。一个是选择身体素质好的，为了出击；另一个是身体弱的，为了自保。所以它们各种不一样，你要知道这些东西。

这就有一个问题，很多武术家练了一辈子，他不会打人。他为什么不会打人呢？他不清晰打人是怎么回事。运动员练几天、练几个月，他就会打人了。这得拿人来实践。我说很多武术家不会打人，是现在练的人，过去有些特殊的门派，他可能也在进行实践，但是那个实践从满清以来、冷兵器时代结束以后，可能也不尽明显了。

二、对方站着不动的打法实践

那我们现在要说实战，一种情况是对方站在那儿不动，你怎么打。有些人说我要养生、我要修炼、不追求打，可能对这些人更有意义。对喜欢打的人更不用说。我们一直说，大成拳的实战、实作、断手等，是以游戏的心态做这个事情。那我们今天找一个身体壮的站在这儿，其他人上去打，打的时候出现什么状况，我再根据这种状况来讲这种游戏的原理和道理，我一讲就清楚了，通过这种方式大家很快就学会了，不是打人，是游戏，你把这游戏扩大到生活当中，在危急的时候、在紧要关头、在突发的时候，你以游戏的心态处理它，正好是你突破修行上的心里障碍的实践。

点评：

1. 不行啊。太近了，你打人的时候，走到别人的进攻范围之内才打，现在他是固定不动的，但是如果他要打你，他就有机会打你，继续。

2. 打击，不是推。推也可以，是这样，擎住对方的重心再打。

3. 打的时候，大家少一个东西。对方是一个活生生的人，你不能打的时候不管不顾，打的时候气要扬起来，接起来，精神第一。如果精神没有，时空这种感知状态就全没有了。我们说过，精神统领时空。只有精神有了，能统领了，你打人的时候全身才是一个均匀的状态。我们练了半天均匀，可是你一打自己就挤在这儿了，就用劲了，均匀就没有了。不均匀就没有整体，没有整体，力量把对方打不跑，对方还可以还击，你要是均匀，对方就被打跑了。

要做到均匀、整体，得懂得自身的松紧、虚实运用的变化，在哪儿松，在哪儿变，在哪儿换位，自己会调整，就是前面有一个人，你打的时候就跟没人一样。刚才打的时候，前面真有人，你打得跟没人一样，一下就完了，前面有人，你精神可以把他打散。你把他打散的结果就是没有人了。如果他不散，你对面是个人，你打他就是对抗，你把他打散，没有人了，你就是抒发感情、放大、伸开，做这个事。所以说“没有打人的意思”，是指“不是对打的意识”。

我们没有教过这样抱着这个防护姿势打人，都是这样敞开了把精神气放出来打，你上去是这样抱着一个所谓的搏击的架势，不是这样的，是有勇气的，是无敌的，上去就打。

不会打而出现这种防守动作，就是看乱七八糟的看坏了。

打人是有学问的，不是竞技运动。大成拳是打人的，不是运动，是修炼，是游戏，把游戏做好。

知道了打人是这种游戏，是放飞心灵，不是对打的，那我们平常练习摸劲、推人的时候，慢慢地由轻松的变成有劲的，慢慢地由量变到质变，变成有劲了还是这种心态，这种心态不能一遇到劲力又缩回去了，又变成对推了。不是对推，是你把对方抒放出去，是摸着，抒放。在抒放的过程当中，你经历过打人这种感受了，就有这种气场，不能又在这里搞这种自身较劲的事情。增加强度、增加难度了，抒放到最后就有这种打人的感受。

推、摸是两个手连着，慢慢地就把它推开了，先把对方推开，就是摘开了，对方跟你断开了，你的神气跟对方还连着。然后慢慢地再过渡到你不用推，直接就神气跟对方连着，就是手放下来也跟对方连着，当然手在前面更好了，不是摘开了，根本就不用摘，就是神气接着做这个事情。

有些人说，“我要是快，你怎么办？”知道这个道理了，快和慢有啥区别？就是神接意气要打的状态里边，你快跟我有啥关系？不懂这个道理的人还说我要是快怎么样，你都反应迟钝了，快什么呀？慢慢地要知道，用的不是快、不是力量，用的是什么呢？用的是“中”、用的是“势”、用的是“机”，用的是这些东西，用的是“得机得势”，时间空间的变化，你知道了要变，因为你是整体，不是敌我，敌我就把自己限制了，你要是整体就是这种变，你要是有敌有我，这变着多麻烦。所以慢慢地练到最后，要真能用就无需选择对方的强弱大小、有力无力、厉害不厉害，你始终在那种状态，在跟对方无分别的状态，把对方无分别的看待的状态，始终用“实”、用“空”、用对方、无我的状态里做这个事情。身体只是相应的工具，用游戏的心态做这个事情。只是实作，不要权衡。

三、大成拳是什么？就是这个！

这样一来，大家就突然明白了，大成拳跟一般的拳不一样，它不是招法、不是动作、不是对抗，那它是什么呢？它什么都不是。就跟禅宗于佛法一样，就是这个！就是我打你，但是游戏状态，不能认真，这样一来，突破了对抗、突破了打和对打，能打和不能打等概念，这才是修行，这才是游戏。

四、“居善地、心善渊……动善时”

今天再说《道德经》里的一句话，“居善地、心善渊……动善时”。居善地者，能载物故，就是心要在一个厚德、慈悲的状态里；心善渊者，能觉知故，就是心要在一个无分别的、无恐惧的智慧里边，只有这样才能动善时，就是才能得机得势。悲智是身心要求的基础，能不能达到它，清晰修炼很重要。

第二十讲　通过打法实践培养觉性和能力

一、学是一回事，学会是另外一回事

不会打，没关系。因为学是一回事，学会是另外一回事。咱们不能因为没学会就对这个法有怀疑，对法的信心受到影响。对学习大成拳要有信心。

我们了解王老先生的弟子们，很多人都不会打，但是挺有名气。为什么有名气呢？他们眼力高，他们知道谁会打，谁不会打。我们把这叫“大成的眼力”。他知道很多东西，他能看懂很多东西。

还有一种人，叫“大成嘴”。呱呱呱什么都能说，知道的能说，不知道的也能说。所以20世纪五六十年代“大成嘴”很流行。其中有个故事，有个人说，“王选杰不行，别看他在外面多厉害，在我这儿就不行。”他连说带比划，说我把他怎么怎么样，一下就飞出去了。师父跟传话的人关系很好，当时他们都年轻，几个人骑着自行车，师父往自行车后边一坐就去找那个人了。到那人家门口，师父对同去的人说："你敲门，别说我来了。"那人一开门，看见来的人认识，传话的人说："就我一个人来的。"那人从门缝一看，确实是一个人，就拉开门了。他刚一拉开门，师父一步就蹿过去了，说："听说你把我给打了？"那人说："没有没有！是外面大成嘴宣传的，跟我没关系。"其实他就是"大成嘴"。说说这个热闹。

大成拳，笼统地说就是，身上有这种感知能力，有意感，有自然本能活力，在运用的时候能把自己的身和心摘出觉照应敌，有了克敌制胜的能力，对身心就能有更好的影响，我们要学好大成拳。

二、不会打是因为缺少实践

前面，对方站着不动，这些人不会打，不会打是因为我们训练过程当中缺少那种实践。

我们一直讲培养自身的能量、能力。练试力的时候，练摩擦步的时候，是练这个能力的通道，是自身的。打的时候，心境发生变化了，跟这个场景不一样，心里状态不一样，瞬间就懵了。那平常你说不会打，你上去以后推人或者竞争，我们说精神要笼罩，气势要过人，不是说打的时候怎么怎么样。我们练过崩拳、练过炮拳，到用的时候都不会了。那就是实践太少。老前辈们讲“实践出真知啊！”实践、认识、再实践、再认识！

三、打的理论基础

那我们今天说实践，还得说理论。理论是指导实践的。

打的基础是什么呢？

第一步，我们说要“料敌”。要知道敌人是什么状态，而不是盲目的。如果打的时候既不知敌，也不知己，这就不好办了。

第二步，我们要“审势”。要知道什么环境，对方处于什么位置。

第三步，要“知己”。

这三步知道以后，你就把身体的僵硬、紧张、恐惧等都代替了，就没有这些东西了。否则的话，上去以后都在一个紧张、盲目的状态。

对方抱着间架不动。本来对方是一个死的东西、不动的东西，那你瞬间就要知道他的重心；他身体的中环、重心、根和梢的位置；他在整体的空间里跟你的关系，把这些全都知道。

现在他是不动的，打他这个躯体。

如果他动，他的手就会阻碍你做这件事。那你要打他，你要知道他是什么状态，知道自己是什么状态，把自己放大，先把这个东西（对方手的阻碍）排除了。排除的方法不是格挡，要解决这个事情。可以把对方身心引开，让他离开能进攻你的范围。这就是“叫”，是知己知彼的功夫的运用。这个整体的环节是这样的，我们要做到你打他的“失中”状态。让他处在没有对抗能力的状态做这个事情。“失中”，有僵硬、拔根等状态。

你要是控制他的手，如果他不用劲，就把方向偏了，还在控制的状态下。所谓控制对方的手，实际上不是控制对方的手，这只是结果。王芗斋先生讲“蓄发一定间”。每一个动作都是蓄和发组成的一个整体。蓄发有时候是用形在蓄发，用劲在蓄发；有时候是拿松紧在蓄发，一松一紧就是蓄发。但是往往有些人用松紧的时候就跟外边没关系了。有些人蓄发是拿神气在蓄发。高水平的人让你感觉不到他的形和劲、蓄和发的显现，他直接就在蓄发。这个蓄发要和对方有关系。对方不用劲，如果他形动或者意动，你就蓄他那个势，你的蓄发是因为他动了，是这种蓄发。蓄和发做到极致的时候，你看不到蓄发了，但是一举一动都包含着蓄发。只有做到一举一动都包含蓄发的时候，才能做到“一触即发”。做不到一触即发的时候就还是蓄发的状态，还是有形的状态。如果对方手臂在那里障碍的时候，你是做蓄发的动作，他不用劲你也是蓄发，他用劲你也是蓄发，只不过他不用劲的时候，你蓄的时候，他的形就随着你的蓄了，他也是在无能状态；如果他用劲，你蓄的时候就牵动他了，就拔他的脚。他要是移动位置保持稳定，全身就在一个僵硬的状态；如果他脚不动，他在一个拔根、紧张的状态。这两种状态都是无能状态。打敌人就打他的无能状态。

即使对方不还手都不会打，那就是不知己，自己不清晰。对方不还手，闭着眼睛到你跟前，你不知道怎么办，就是不清晰。不清晰我们要多实践，慢慢地就清晰了。

四、大成拳是一个整体的理念，是人生的精神储备

打是这个拳里最重要的内容，但不是大成拳的全部。

大成拳和一般的拳术追求是不一样的。大成拳有大

成的思想、大成文化、大成生命。“大成”是一个整体的理念。它不是一般的拳脚功夫，它是人生、生命身心的精神支撑的背景。这是大成拳。

你不管做什么事情，练大成拳对你都有好处。它是大成的生活化。就跟过去的书法家一样，魏晋时期的书法家，书写是工具，它生活，只有那些没有生活的人才出去给人题字写匾。大成拳也是生活，不能一出去就乱了，别人说你都不会比赛……我们说大成拳打人只是生活的一部分。但是我们这个时代很多练传统拳术的人不会打，在这种时候，我们这样说有嫌疑，别人会认为你不会打才说这样的事情。我们心里要有自信。别人说你会打不会打都不重要，你自己要学会打，要有这个底气。

这是我们说的，大成拳是生活化的拳法，是人生的精神储备。我们说，大成拳是“自强不息，厚德载物”，就是培养这种觉性和能力，是这个东西，不是简单的一个对打，更不是比赛。比赛是讨生活、是游戏，它是生活中极小的一部分，是极少部分人专门做的事。

但是在学习、练习打的过程当中，我们可以学到很多东西，学到的这些东西能帮助我们更好地理解生活、理解很多东西。

就像打这个状态，意能出去。入门的时候，对方在一个静止状态，自己在一个灵活运动的状态，这样练习。慢慢地，对方在动的状态，你也能找到他在动的时候的静止状态，我们打活动的东西要跟打静止的东西一样，这就进到另一个状态。

刚开始用弱的练，然后用强的练。所谓强弱，是从本身这个骨肉系统、心态系统、有形的系统来说的。然后你遇到强的时候，你这个弱的就没办法了？中国古人讲“以弱胜强”，不是自身的弱胜对方的强，是你自身的弱要借天地的力量，这样一来就要用虚空、时间空间之间的关系，包括用对方。这种理念要慢慢地建立起来，我们在学习当中这些东西就能学好。

五、试力、推手的难点

推的过程当中，来回这个行程是常态，不容易掌握的是回来以后，或者出去以后再回来的这两个转换。我们要把这两个转换用心练。练到跟来回这个行程变成一个东西。变成一个东西的时候，它就没有这个转换了。

刚才子龙推的时候，神气落到重心上了，胯劲懈了。懈了就以自我为中心了，跟对方就成对抗关系了。回来的时候，由接触点跟对方身后、跟周围、跟自己全身的配合，是一个整体，全身的配合是包容着对方。手回来，全身的关节配合这个事情，把对方放到接触点上，把接触点放到虚空，全身在蓄力的状态，而不是自己是一个整体。有些人自己是一个整体，认为我这个很稳啊。这个时候就有一个“中”的位置问题。很多人身体的重心是“中”，他感觉能把对方化解，这是常规的思路。这个思路没错，但是不对。我们是把对方拿起来，放到无限的虚空中。这个时候“中”是虚、是空，在外面。这个时候来回都是这种状态。中在外边，外边很大很大，就变成了对方够不着这个“中”，虚空都是中。身体的协调性要能把对方放到他够不着“中”的地方，而且自己始终在蓄发的状态里边。这个很重要，大家琢磨琢磨。而不是推的时候把对方搁到自己身上。常规的思维认为“我很圆融”，圆融不圆融，要看你在哪个空间里表现的。意放在外面，没有自我，虚空就是自我。

第二十一讲 行乎道中，静候君来

“信、解、行、证”，前两步是理论，我们都有了，后边就要实际操作了，虽然讲到了操作方法和练习，但是还远远不够。你看，前几次大家一上手就把所学所练的东西全丢光了，那就是练的不够，所学所练的东西不能发挥出来，还是原来的习气。练到最后就是“良知良能”。儒家也讲“致良知”。站桩就是致良知。你站桩的功夫变换形式也是站桩的境界，这就是“知行合一”。只有知行合一才能“用”，而不是知识和实践，不是这个。知行合一本身就是你身上那个状态无时无刻不在，这是知行合一。桩就是，桩外没有别的东西，就是桩。桩的境界到了，它把你的身心、精神带入了另一个境界，一举一动都可以用。如果境界不到，你还是用有为法，还是用别的方法弥补，来取巧，用过去的习气来“帮助”。这个拳就是一个桩，桩上要有功夫，要站对，要通透，无时无刻都在这种状态。

今天咱们做一个总结，今天的课结束以后就先告一段落，大家复习复习，休整休整，我也再重新学习学习。就是想让大家很快掌握这些东西，但是这不容易。不容易不是因为它难，是大家入不进来，入不进来不是大家不愿意入进来，是自己不清晰、不知道。给大家留点儿时间自省一下，觉察一下自己学习过程当中的学习方法、学习态度、学习的成果，都要反省。

王阳明说“心外无物”，实际上已经说完了，“格物致知”“致良知”“知行合一”“中和之道”等，都跟站桩一样。你通过站桩要达到身心的觉知状态，这种觉知状态随着各种人、事、环境的变化，它还是这个状态，用力的变化、对敌的变化，它还是这个状态，这是我们要练的、要追求的东西，就是良知良能时时处处都在。要想有这种状态，就需要练。站就有了。有些人也站但是没有，他有什么呢？他有身体的强壮、有劲，这也挺好，但是我们要练的不是这个，我们要练身心的觉知状态，身体的强壮只是附带的副产品。

要时刻保持身心对外的觉知，用的时候，这个觉知还在不在？这有两种情况：

一种情况，一些人练了一辈子拳都不会用，站了一辈子桩都不会用，他一用就是习气，他不是用这桩上的功夫，那就是练和用脱节了，他的良知没有显现，训练方法不对。如果这个时候有明白的师父、老师教他，把他引导到游戏的状态，用站桩的境界去做这个事情，也许会有帮助。

还有一种情况，就是我们说的“无意之意”。有些人用功夫，他站到“拔地欲飞”“动若山飞、静似海溢”“神如雾豹”等过去老先生们讲的站桩站出来的境界，如果这个时候突然无意中用一下，效果非常好，但是过了这个状态他就不行了。那就以这个状态为楔入点，让良知良能的状态通透，任何时候都是良知良能的状态。

说一说，这个拳越来越简单，越来越清晰，又回归到良知良能的状态，它就是一个良知良能的状态，又回归到原点。换句话说，练的所有东西都是方便，都是为了让这个状态无障碍地运行，建立这个运行的通道。

有些人不明白的时候，他要学很多东西，他把别的东西当各种知识，各种功法都去学习，实际上不是，只是他不学别的东西他可能心里不安，他学一学也好，但是要清晰这个拳就是一个桩。我们过去讲“这个功夫就是一个桩，技术就是要把桩站对”，这个还不全面，功夫和技术都是一个桩，真正的技术是把桩要运用出来。

我们说学习这个拳有两部分，一部分是练，一部分是用，这样说可以，但是你要分得那么清楚就错了。“用着练，练着用”，那就是要清晰地“用”，在“用”当中检验所练；再一个是练，在练中用，它就变成一个东西，它就容易契合，所有这些就是桩。。

古人说“心机多，损天机”，就是自己用意多就把自然本能的理趣给丢了。古人还说“行乎道中，静候君来”。你只管按正确的方法、法则去练，以无所求的心去练，自然有身心变换的那一天。练的时候是这样，用的时候我们说是以游戏的心态去用，但是不能儿戏，要提起精神做游戏。为什么要用游戏的心态呢？就是要把对抗、胜负、恐惧之心要去掉。为什么要去掉这些东西？一切的一切都是为了让这个桩通透。你用不上的原因就是因为有这些杂念在障碍桩的运行。

我们练的这个推手，有些人、习气重的人，不管对方有力还是没力，他是非要把对方推起来为目的，较劲。实际上我们是通过这种练习检验推手当中桩的状态还在不在，在这个过程中找到对方跟你相合的缝隙，在这个基础上增加难度，用各种形式、各种对象来练习，是这种练习方法。我们说“立意要对”，它不是对抗的拳法，它是寻求一种道理的拳法，所以它的训练方法跟这个寻求道理是一体的。当你摸着这个人，你找到他的缝隙的时候，你强弩着劲把他推出去，这有什么意义呢？所以摸着个人，不管强弱，你找到他力量的缝隙就可以了。那我们练，这里边就有很多知识了，比如时机，你错过时机就找不着了，你当机就可以。有些人觉知力强，他可以抢到先机；有些人他桩上功夫很深，他用势建立起来一个机，这些是我们练习的方法，而不是练一个动作、练一个技巧、练一个强弱。所以一定要清晰，我们练的这个系统是什么东西，这是最重要的。有些人练了很多年，他不知道他的目的是什么，他盲目地在强弱对抗当中追求这些东西，我想经过这一段时间的学习，大家越来越清晰这些东西了。

我们一直说“清晰是最重要的”。如果不清晰，那就没有方向了，没有方向很可怕。当你知道了桩是一切的时候，跟古人的学问和智慧就合上了。大成拳和中国儒家的学问最近，但是另一个层面，跟道家的修行、跟禅宗的修行接近。儒家讲“格物致知”“心外无物”，我们在自身寻求觉悟，而不在动作，不在和外边对抗，是在你这个桩用的时候还是不是你这个桩，这是最重要的。那站桩除了这些要领之外，我们要以修行的心态去站桩，就是认真对待站桩，把心安住站桩，不能想着“我桩上有功夫了赶紧再学别的”，不能再跑了，跑就错了。明白了这个道理才知道王老先生说的“拳学之道舍站桩别求他法，永无是处”。实际上，试力、摩擦步、发力等，所有的东西都是为了桩的方便。我相信咱们的人里边有能理解这个的。我过去用功夫的时候，师父教了很多人，我每天用功夫是十几小时，那些人学了很多东西，虽然我很坚信、很恭敬，但是我心里还有一丝一毫的不满或者想法，后来师父去世以后我才慢慢地明白了，他真是真心地教我，后来那些学动作、学各种功夫的人就没法说了，所以我发自内心地把这个道理给大家讲清楚，这个道理大家听清楚了，才是真正最重要的基础，否则心里安不下来，还想学这个学那个。

这个拳、这种修法、这个法，它就是这种练法，它跟其他的练法、修法不一样。那你要修这个法就是这样练，就是这样子，别的什么样，它不是一回事，要清晰这个，清晰了才能知道要的是什么，才能知道怎么样才能达到要求，才能检验你这种做法能不能达到要求，才能想到好多方法让它丰满。生活当中处处有机。

附录：传统武术本来的显现形式——觉性拳法

传统的拳术，过去真正能用的叫武艺；还有就是军事武术，是杀敌的，它们是不同的。我们现在只说拳法。拳法发展到1949年新中国成立，形式已经很多了，它分五个大类。第一类：功架类。讲究立身中正、端庄。第二类：行类。它没有固定的定型，一直在运动当中。第三类：绵类。就是所谓的柔练的拳术。这三类是常用的、常见的，后两类中一个叫“醉”，喝醉酒的醉。另一类：别类，也就是另类。统称：功、行、绵、醉、别。

功架类的，比如说陕西红拳的基本拳法：大红拳、小红拳；少林寺的拳法；还有八极拳等，都要求弓步、马步扎得很牢，身体中正，不偏不倚，在这基础上起变化、起运用；行拳类的，比如劈挂拳，很少歇下来，歇也是有动势的歇。过去很多练劈挂拳、翻子拳、戳脚等这些拳法的老师傅们老认为功架拳是挨打的拳、是死功夫。我们不说这个认知对还是不对，只说是他们有这种认知；绵拳类。太极拳、绵掌等都属于柔练，就是所谓的绵。八卦掌也是绵类。形意拳在功、行之间；醉类，比如醉拳；别拳类，有好多象形的拳法，比如地躺拳以及一些象形类的拳法。

我说的这么多拳法，大多数基本上都是惯性拳法，就是在没有觉知的状态下学出来、练出来的自身习惯性动作的拳法。

后来从形意拳、太极拳开始，有人练习时有了觉知，他的动作也许跟这些功架拳、行拳的动作是一样的，但是他把这动作玄之又玄、分之又分，分到细致的每一动的起、行、收的所有的关节、关键都把觉知力加进去了，他用觉知练这个东西。所以你看一些少林拳，特别是陕西的红拳，体系很庞大，你在所谓的内家拳，形意、八卦、太极里看到的，包括沧州拳系、山东拳系看到的所有的动作，陕西红拳里都有。所不同的是，有觉性的拳法，它把一个动作分之又分，越来越细，每一动都在感知的状态下动，而不是在惯性的通道里边动，这是最大的区别。练习的时候，惯性要练成觉性，觉性要练成自然，要归到不知不觉的一种状态里头，这很难。所以为什么这些拳法互相有矛盾？因为它们达不到一个圆满的通道里面。但也不是绝对的，练传统功架拳、行拳的一些老武术家练到最后，他突然发现可以离开这种惯性，他本能自然的状态就出来了。但这是少之又少的人。

练觉性拳法的，他在不执着于要觉性，已经达到了不觉而觉的一个状态，可以从心所欲不逾矩的一个状态，又归到这个所谓的圆满的一个状态。所以两条思路都能达到圆满的状态。为什么大家达不到呢？就是执着于自己的练习方法，这种执着是不自觉的。那我们从一开始就要知道拳术怎么练，然后才能达到我们要达到的目的。

所以就以觉性入手，要破除一切障碍，最后连这个觉性都要破掉，才能达到大道。如果不这样，就会被新的觉性的规矩给束缚。这很重要。所以我们练习的时候时时刻刻都要警惕自己，看是不是执着了，是不是整体了，是不是均匀了。